# UN AÑO DESPUÉS DE LA LEY 8/2021: CONCLUSIONES DE DERECHO SUSTANTIVO Y PROCESAL

# UN AÑO DESPUÉS DE LA LEY 8/2021: CONCLUSIONES DE DERECHO SUSTANTIVO Y PROCESAL

**1.ª EDICIÓN**

Obra de
Natividad Roldán Melchor

COLEX 2022

Calle Costa Rica, número 5, 3.º B (local comercial)
A Coruña, C.P. 15004
info@colex.es
www.colex.es

I.S.B.N.: 978-84-1359-730-0
Depósito legal: C 2039-2022

# SUMARIO

# INTRODUCCIÓN

Hace dos años tuve el enorme privilegio de vivir en primera persona el proceso judicial para la rehabilitación de la capacidad de una chica con síndrome de Down, quien en la entrevista personal me pidió ayuda para poder estudiar, pues sus padres, que ejercían una patria potestad prorrogada, se negaban a ello sometidos al miedo protector que les hacía pensar que su hija no podía defenderse sola en el «mundo exterior».

Este proceso me hizo sensibilizarme con el mundo de las personas con discapacidad, pues hasta ese momento, desde mi trabajo como magistrada, solo había tenido que enfrentarme a personas con enfermedades congénitas o degenerativas que les impedían tener cualquier grado de facultades intelectivas o volitivas, lo que provocó que nunca me planteara, hasta entonces, si el proceso de incapacitación y el nombramiento de tutor eran las únicas «soluciones» que el Estado podía dar a estas personas.

Las preguntas que se formaron en mi cabeza fueron: ¿Una persona con síndrome de Down debe ser «incapacitada»? ¿La «incapacitación» debía ser total y no parcial? ¿Esta chica va a ser representada toda su vida por sus padres que no respetan sus deseos ni su voluntad? ¿No sería mejor algún tipo de asistencia por persona más acorde con sus intereses?

Esta idea quedó en barbecho en mi mente, hasta que el año pasado tuve que enfrentarme de lleno a la gran reforma producida por la Ley 8/2021, de 2 de junio, momento en el que mi cerebro cortocircuitó, pues, por un lado, desde el sentimiento egoísta del ingente trabajo que se nos avecinaba, pensé que la mayoría de los procesos de «incapacitación» que habíamos llevado a cabo no precisaban de revisión al tratarse de ancianitos con deterioro cognitivo severo, crónico e irreversible; por otro lado, pensé en el caso de esta chica «incapacitada» que quería estudiar en contra de la voluntad de sus padres, y concluí que podían existir más personas que precisaran de ayuda desde el silencio de sus expedientes.

Después de varios intentos de entender la reforma, me di cuenta de que, para alcanzar a entenderla y poder aplicarla, debía investigar al respecto y conocer el por qué, después de tantos años de silencio a pesar de la Convención de Nueva York (quince años de diferencia entre ambos textos), se había operado una reforma tan profunda de nuestro sistema.

En este trabajo he tratado de sintetizar el estado final en el que queda la regulación legal de las personas con discapacidad tras el dictado de la Ley 8/2021, cuáles son las medidas tuitivas de las que disponen, y cómo los jueces hemos tratado de ir adaptando el nuevo régimen a las muy variopintas circunstancias que se nos presentan en el día a día.

Pido disculpas por anticipado por la osadía de permitirme opinar sobre un campo del que solo tengo conocimiento a través del trabajo, pudiendo herir sensibilidades sin ser mi intención, y doy las gracias a esta chica que se cruzó en mi camino y me hizo entender que el sistema debía ser, cuando menos, revisado.

*A Raúl, por mostrarme con su trabajo*
*que la locura no está exenta de razón.*

«En el amor siempre hay algo de locura,
mas en la locura siempre hay algo de razón».

Friedrich Nietzsche

# I.

# LAS PERSONAS CON DISCAPACIDAD EN EL DERECHO COMPARADO

La Exposición de Motivos de la Ley 8/2021, de 2 de junio, por la que se reforma la legislación civil y procesal para el apoyo a las personas con discapacidad en el ejercicio de su capacidad jurídica, declara que «la presente reforma de la legislación civil y procesal pretende dar un paso decisivo en la adecuación de nuestro ordenamiento jurídico a la Convención internacional sobre los derechos de las personas con discapacidad, hecha en Nueva York el 13 de diciembre de 2006, tratado internacional que en su artículo 12 proclama que las personas con discapacidad tienen capacidad jurídica en igualdad de condiciones con las demás en todos los aspectos de la vida, y obliga a los Estados Partes a adoptar las medidas pertinentes para proporcionar a las personas con discapacidad acceso al apoyo que puedan necesitar en el ejercicio de su capacidad jurídica. El propósito de la convención es promover, proteger y asegurar el goce pleno y en condiciones de igualdad de todos los derechos humanos y libertades fundamentales por todas las personas con discapacidad, así como promover el respeto de su dignidad inherente»[1].

Con esta reforma se pretende adecuar definitivamente la legislación española a los cambios urdidos en Europa en materia de personas con discapacidad desde los años ochenta, algo que no se había conseguido con las distintas reformas parciales llevadas a cabo en los últimos veinte años.

---

1 Ley 8/2021, de 2 de junio, por la que se reforma la legislación civil y procesal para el apoyo a las personas con discapacidad en el ejercicio de su capacidad jurídica.

Efectivamente, a nivel mundial, debemos mencionar la primera Clasificación Internacional del Funcionamiento de la Discapacidad y de la Salud, (CIF), publicada por la OMS en los años ochenta[2], teniendo por finalidad acordar un nuevo modelo internacional de descripción y medición de la salud y la discapacidad. Los objetivos de esta clasificación eran:

- Proporcionar una base científica para el estudio y la comprensión de la salud y los estados relacionados con ella, los resultados y los determinantes.
- Establecer un lenguaje común para describir la salud y los estados relacionados con ella, para mejorar la comunicación entre distintos usuarios como profesionales de la salud, investigadores, diseñadores de políticas y la población general, incluyendo a las personas con discapacidades.
- Permitir la comparación de datos e información entre países, disciplinas, servicios, y en diferentes momentos a lo largo del tiempo.
- Proporcionar un esquema de codificación sistematizado para ser aplicado en los sistemas de información en salud.

Con ello se trataba de acercarnos al cumplimiento exacto de lo dispuesto en el párrafo 63 y 64 de la Declaración y Programa de Acción de Viena, aprobado por la Conferencia Mundial de Derechos Humanos en Viena (junio de 1993):

> «63. La Conferencia Mundial de Derechos Humanos reafirma que todos los derechos humanos y las libertades fundamentales son universales, por lo que comprenden sin reservas a las personas con discapacidades. Todas las personas nacen iguales y tienen el mismo derecho a la vida y al bienestar, a la educación y al trabajo, a vivir independientemente y a la participación activa en todos los aspectos de la sociedad. Por tanto, cualquier discriminación directa u otro trato discriminatorio negativo de una persona discapacitada es una violación de sus derechos. La Conferencia pide a los gobiernos que, cuando sea necesario, adopten leyes o modifiquen su

2 International Classification of Impairment Disabilities and Handicaps (ICIDH) como apéndice del International Classification of Diseases (ICD).

legislación para garantizar el acceso a estos y otros derechos de las personas discapacitadas.

64. El lugar de las personas discapacitadas está en todas partes. A las personas con discapacidades debe garantizárseles la igualdad de oportunidades mediante la supresión de todos los obstáculos determinados socialmente, ya sean físicos, económicos, sociales o psicológicos, que excluyan o restrinjan su plena participación en la sociedad»[3].

En palabras de GÓMEZ-LINACERO CORRALIZA «se trataba de evitar la estigmatización que representaba la categoría del incapacitado y la restricción indiscriminada de facultades y decisiones que sufrían muchos incapacitados por Sentencia judicial tras un proceso en que eran meros espectadores pasivos»[4].

Posteriormente, la Convención sobre derechos de las personas con discapacidad adoptada por la Asamblea General de Naciones Unidas el 13 de diciembre de 2006 ya contemplaba la obligación de los Estados de hacer posible el ejercicio de derechos y la participación efectiva de las personas con discapacidad en condiciones de igualdad con los demás miembros de la sociedad, sin limitaciones al pleno goce o ejercicio de derechos[5].

En el ámbito de la Unión Europea, la primera mención a la discapacidad tiene lugar a través de la reforma producida con el Tratado de Amsterdam[6], al mencionar la necesidad de tener en cuenta a las personas discapacitadas, mientras que la Carta de los Derechos Fundamentales de la Unión Europea recoge el principio de igualdad de las personas con disca-

3 *Conferencia Mundial de Derechos Humanos* celebrada en Viena entre los días 14 a 25 de junio de 1.993.

4 GÓMEZ-LINACERO CORRALIZA, Adrián: «Análisis crítico de los fundamentos de la Ley 8/2021, de 2 de junio, en materia de discapacidad», *Diario La Ley*, n.º 10006, Sección Tribuna, 9 de febrero de 2022.

5 ASAMBLEA DE NACIONES UNIDAS, Resolución 61/106, formalizada el 13 de diciembre de 2006 y con entrada en vigor el 3 de mayo de 2008.

6 El Tratado de Ámsterdam fue un acuerdo firmado el 2 de octubre de 1997 y que entró en vigor el 1 de mayo de 1999, pasando a convertirse en la nueva normativa legal de la Unión Europea, tras revisar el tratado de Maastricht.

pacidad[7] y el derecho de integración de las mismas[8], lo que no era más que una reproducción de lo ya mencionado en el artículo 14 del Convenio Europeo de Derechos Humanos[9].

En Francia, la Ley «por la igualdad de derechos y oportunidades, participación y ciudadanía de las personas con discapacidad» de 11 de febrero de 2005 *(Loi 2005-102)*, introdujo en su definición legal los trastornos psíquicos, que tienen por efecto distinguir la Discapacidad Psíquica, consecuencia de una enfermedad mental, y la Discapacidad Mental, consecuencia de una alteración de las capacidades intelectuales.

El artículo 2 establece que «constituye impedimento, en el sentido de esta ley, cualquier limitación de la actividad o restricción de la participación en la vida en sociedad que sufra en su medio una persona debido a un deterioro sustancial, duradero o definitivo, uno o más físicos, funciones sensoriales, mentales, cognitivas o psíquicas, una discapacidad múltiple o un trastorno de salud incapacitante».

En el año 2007 se dicta la *Loi 2007-308* de 5 de marzo por la que se reforma la normativa sobre protección de mayores aprobada por la Ley 68-5, de 3 de enero de 1968, que reformó su Código Civil en esta materia. Así, los artículos 433 y siguientes de su Código Civil confieren al juez la posibilidad de otorgar a las personas que lo requieran, una protección o representación legal temporal para la realización de determinados actos, bien a través de la *sauvegarde de justice*,

---

7 Artículo 21 de la Carta de los Derechos Fundamentales de la Unión Europea proclamada el 7 de diciembre de 2000 declara: «Se prohíbe toda discriminación, y en particular la ejercida por razón de sexo, raza, color, orígenes étnicos o sociales, características genéticas, lengua, religión o convicciones, opiniones políticas o de cualquier otro tipo, pertenencia a una minoría nacional, patrimonio, nacimiento, discapacidad, edad u orientación sexual».

8 Artículo 26 de la Carta de los Derechos Fundamentales de la Unión Europea declara: «La Unión reconoce y respeta el derecho de las personas discapacitadas a beneficiarse de medidas que garanticen su autonomía, su integración social y profesional y su participación en la vida de la comunidad. La Unión reconoce y respeta el derecho de las personas discapacitadas a beneficiarse de medidas que garanticen su autonomía, su integración social y profesional y su participación en la vida de la comunidad».

9 Convenio Europeo de Derechos Humanos firmado en Roma el 4 de noviembre de 1950.

protección por dos meses (revisable cada seis) para atender alteraciones mentales pasajeras sin que la persona pierda su capacidad de obrar. Fuera de este supuesto, de naturaleza estrictamente temporal, si la persona necesita ser continuamente asistida o supervisada en los actos importantes de la vida, se instituirá una tutela o una curatela con plazo temporal de cinco años, excepcionalmente diez, pudiendo ser renovada, modificada o rescindida a petición del discapacitado[10].

En el Reino Unido, la Ley de Igualdad de 2010 *(Equality Act*[11]*)* ofrece protección contra la discriminación basada en la nacionalidad y ciudadanía de una persona, y también extendiendo los derechos de las personas en áreas de la vida más allá del lugar de trabajo. Las novedades más significativas se reducen a tres campos: la discriminación derivada de discapacidad, la obligación de llevar a cabo ajustes razonables y la prohibición de las revisiones médicas precontractuales. Las personas con discapacidad son valoradas por organismos administrativos para conseguir prestaciones sociales tanto para ellos como para sus cuidadores, sin que se regule un sistema judicial de «incapacitación» y nombramiento de representantes o asistentes[12].

A raíz de la Ley de Salud Mental de 1983 *(Mental Health Act)* la Corte de Protección puede nombrar a un asistente de la persona con discapacidad bien para su cuidado personal *(guardian)*, bien para la administración de su patrimonio (receiver), permitiendo también que la persona realice actos voluntarios para prever una eventual discapacidad futura *(Enduring Powers of Attorney Act 1985)*.

En Alemania, la Ley 48/1990, de 12 de septiembre, hizo que el proceso de «incapacitación» se sustituyera por la asis-

---

10 PALLARÉS NEILA, Javier: «La revisión de las sentencias dictadas en el nuevo procedimiento de provisión de apoyos», *Revista de Derecho Civil*, vol. V, núm. 3 (julio-septiembre, 2018), Estudios, pp. 153-171.

11 Se aprobó con el objeto de refundir varias normas nacionales de protección en materia de igualdad y no discriminación *(Equal Pay Act de 1970, Sex Discrimination Act de 1975, Race Relations Act de 1976, Dissability Act de 1995)*.

12 Respuestas del Reino Unido de Gran Bretaña e Irlanda del Norte a la lista de cuestiones relativa al informe inicial del Reino Unido de Gran Bretaña e Irlanda del Norte sobre aplicación de la Convención sobre los Derechos de las Personas con Discapacidad, 21 de julio de 2017.

tencia legal, y así el párrafo 1896 del Código Civil Alemán —BGB— declara que «si un mayor de edad, como consecuencia de una enfermedad psíquica o de una discapacidad física, psíquica o mental no puede cuidar total o parcialmente de sus asuntos, el juzgado de tutelas, a petición suya o de oficio, le nombra un asistente» creó un marco legislativo homogéneo para la atención a las personas con discapacidad en todo el territorio federal.

Ello es acorde con la modificación introducida en 1994 en la Ley Básica o Constitución *(Grundgesetzes)* de 1949 por la que se establece que ningún ciudadano alemán puede ser discriminado a causa de su discapacidad. Igualmente, las constituciones de los estados federados reconocen una serie de derechos sociales fundamentales que, sin embargo, no tienen naturaleza de derechos subjetivos.

En este sentido, la Sección 10 del Libro I del Código Social *(Sozialgesetzbuch)* establece, desde 1975, que las personas con discapacidad tienen derecho, independientemente de la causa de su discapacidad, a recibir la atención que necesiten, a fin de prevenir, eliminar o aliviar la discapacidad, así como evitar su agravación y reducir sus efectos; poder integrarse en la comunidad, en particular en la vida laboral, de acuerdo con sus inclinaciones y habilidades[13].

Por tanto, vemos como la persona con discapacidad tiene derecho al nombramiento de un «asistente» de forma temporal para determinados actos de su día a día.

En Bélgica, la Ley de reforma de los regímenes de incapacidad de 17 de marzo de 2013, trata de adecuar la normativa nacional a la Convención de Nueva York, primando la protección extrajudicial de forma que la protección judicial pasa a ser solo excepcional, siendo la regla general la capacidad de la persona, mientras que la «incapacidad» es la excepción, proveyendo un régimen de asistencia o de representación (según las necesidades de la persona), que puede establecerse bien solo para los bienes, bien solo para la persona, bien de forma alternativa para bienes y persona, o bien el mismo sistema para ambos[14]. El régimen de la «incapacidad»

13 Pallarés Neila, Javier: «Tutela versus Curatela», *Diario La Ley* 659/2016.

14 Ruiz Ruiz, Juan José: «Protección jurídica de las personas con discapacidad. Cuestiones actuales».

se deja solo para actos muy concretos (sobre todo para cuestiones médicas).

En Italia, la Ley 6/2004, de 6 de enero, cambió el sistema de «incapacitación» judicial total («interdizione») o parcial («inabilitazione»), introduciendo en su Código civil, en concreto, en sus arts. 404 a 413, la figura de *l'amministrazione* di sostegno o administración de apoyo. Ahora solo importa la persona, su personalidad, su voluntad, sus valores universales de dignidad humana, libertad, igualdad, solidaridad y participación[15].

Conforme a ello, la persona vulnerable deja de ser el sujeto pasivo de los procedimientos relativos a su capacidad, pues ella misma puede acudir al juez tutelar para ser escuchada (no «examinada», término legal que es suprimido del Código civil italiano), para pasar a ser su protagonista. De este modo, sus cuidados, sus intereses, su voluntad, sus necesidades, sus elecciones, sus aspiraciones, etc., representan el punto de referencia de las decisiones del juez tutelar. Se trata del reconocimiento legal a la legitimación activa del propio interesado para instar los procedimientos relativos al nombramiento de un administrador de apoyo o a su «incapacitación» judicial.

En Suiza, la Constitución establece a nivel federal la prohibición básica de la discriminación (art. 8, párrafo 2) y el mandato legislativo conferido a la Confederación y los cantones (art. 8, párrafo 4). Estas disposiciones constitucionales están plasmadas en la Ley de Igualdad de las Personas con Discapacidad, en vigor desde el 1 de enero de 2004, así como en muchas de las disposiciones de leyes especiales federales o cantonales[16]. El Código Civil Suizo elimina la tutela para darle poder de decisión a los «incapaces», estableciendo cuatro tipos de curatelas: de acompañamiento, de representación, de cooperación o de porte general.

---

15 VIVAS TESÓN, Inmaculada: *Más allá de la capacidad de entender y querer ... Un análisis de la figura italiana de la administración de apoyo y una propuesta de reforma del sistema tuitivo Español*, FUTUEX - Fundación para la promoción y apoyo a las personas con discapacidad. Primer Premio de Investigación del Observatorio Estatal de la Discapacidad.

16 COMITÉ SOBRE LOS DERECHOS DE LAS PERSONAS CON DISCAPACIDAD, Informe inicial que Suiza debía presentar en 2016 en virtud del artículo 35 de la Convención (10 de diciembre de 2018).

Como podemos comprobar, en la mayoría de los países de nuestro entorno se ha tratado de priorizar la aplicación de las disposiciones de la Convención de Nueva York para igualar el trato de las personas con discapacidad y primar su voluntad e intereses en la gestión de su día a día.

Empero, en el año 2013 se advirtió por el Comité que ningún Estado firmante de la Convención de Nueva York había adaptado su legislación al sistema de apoyos previsto en el artículo 12, por lo que en el año 2014 se publicó por este organismo la *Observación General n.º 1* en la que trata de exponer los principios básicos que contiene el mencionado precepto y que deben ser respetados por los diferentes ordenamientos jurídicos de los países firmantes[17].

Así, declara que «todas las personas con discapacidad, incluidas las que tienen deficiencias físicas, mentales, intelectuales o sensoriales, pueden verse afectadas por la negación de la capacidad jurídica y la sustitución en la adopción de decisiones. No obstante, los regímenes basados en la adopción de decisiones sustitutiva y la negación de la capacidad jurídica han afectado y siguen afectando de manera desproporcionada a las personas con discapacidad cognitiva o psicosocial. El Comité reafirma que el hecho de que una persona tenga una discapacidad o una deficiencia (incluidas las deficiencias físicas o sensoriales) no debe ser nunca motivo para negarle la capacidad jurídica ni ninguno de los derechos establecidos en el artículo 12. Todas las prácticas cuyo propósito o efecto sea violar el artículo 12 deben ser abolidas, a fin de que las personas con discapacidad recobren la plena capacidad jurídica en igualdad de condiciones con las demás»[18].

Las principales líneas de acción que plantea el Comité a los Estados parte de la Convención son:

- Adaptar la legislación nacional para que la capacidad jurídica incluya la capacidad para ser titular de derechos

17 «Los Estados partes deben examinar de manera holística todas las esferas de la legislación para asegurarse de que el derecho a la capacidad jurídica de las personas con discapacidad no esté limitado de modo distinto al de las demás personas», punto 7 de la *Observación General N.º 1* (2014) del COMITÉ SOBRE LOS DERECHOS DE LAS PERSONAS CON DISCAPACIDAD, 11.º período de sesiones, 31 de marzo a 11 de abril de 2014.

18 Punto 9 de la *Observación General n.º 1* (2014).

y para poder ejercerlos: «La capacidad jurídica incluye la capacidad de ser titular de derechos y la de actuar en derecho. La capacidad jurídica de ser titular de derechos concede a la persona la protección plena de sus derechos por el ordenamiento jurídico. La capacidad jurídica de actuar en derecho reconoce a esa persona como actor facultado para realizar transacciones y para crear relaciones jurídicas, modificarlas o ponerles fin»[19].

- Deben establecerse mecanismos de protección y/o de apoyo respetuosos con la voluntad de las personas con discapacidad: «Los Estados partes no deben negar a las personas con discapacidad su capacidad jurídica, sino que deben proporcionarles acceso al apoyo que necesiten para tomar decisiones que tengan efectos jurídicos... y nunca deben consistir en decidir por ellas»[20].
- Es necesario eliminar los sistemas de adopción de decisiones sustitutivos por sistemas de apoyo con primacía a la voluntad y preferencias, que deberán respetar las disposiciones esenciales del artículo 12:

> «a) El apoyo para la adopción de decisiones debe estar disponible para todos. El grado de apoyo que necesite una persona, especialmente cuando es elevado, no debe ser un obstáculo para obtener apoyo en la adopción de decisiones.
>
> b) Todas las formas de apoyo en el ejercicio de la capacidad jurídica, incluidas las formas más intensas, deben estar basadas en la voluntad y las preferencias de la persona, no en lo que se suponga que es su interés superior objetivo.
>
> c) El modo de comunicación de una persona no debe ser un obstáculo para obtener apoyo en la adopción de decisiones, incluso cuando esa comunicación sea no convencional o cuando sea comprendida por muy pocas personas.
>
> d) La persona o las personas encargadas del apoyo que haya escogido oficialmente la persona concernida deben disponer de un reconocimiento jurídico ac-

19 Punto 12 de la *Observación General n.º 1* del Comité sobre los Derechos de las Personas con Discapacidad.

20 Punto 16 y 17 de la *Observación General n.º 1* del Comité sobre los Derechos de las Personas con Discapacidad.

cesible, y los Estados tienen la obligación de facilitar la creación de apoyo, especialmente para las personas que estén aisladas y tal vez no tengan acceso a los apoyos que se dan de forma natural en las comunidades. Esto debe incluir un mecanismo para que los terceros comprueben la identidad de la persona encargada del apoyo, así como un mecanismo para que los terceros impugnen la decisión de la persona encargada del apoyo si creen que no está actuando en consonancia con la voluntad y las preferencias de la persona concernida.

e) A fin de cumplir con la prescripción enunciada en el artículo 12, párrafo 3, de la Convención de que los Estados partes deben adoptar medidas para "proporcionar acceso" al apoyo necesario, los Estados partes deben velar por que las personas con discapacidad puedan obtener ese apoyo a un costo simbólico o gratuitamente y por que la falta de recursos financieros no sea un obstáculo para acceder al apoyo en el ejercicio de la capacidad jurídica.

f) El apoyo en la adopción de decisiones no debe utilizarse como justificación para limitar otros derechos fundamentales de las personas con discapacidad, especialmente el derecho de voto, el derecho a contraer matrimonio, o a establecer una unión civil, y a fundar una familia, los derechos reproductivos, la patria potestad, el derecho a otorgar su consentimiento para las relaciones íntimas y el tratamiento médico y el derecho a la libertad.

g) La persona debe tener derecho a rechazar el apoyo y a poner fin a la relación de apoyo o cambiarla en cualquier momento.

h) Deben establecerse salvaguardias para todos los procesos relacionados con la capacidad jurídica y el apoyo en el ejercicio de la capacidad jurídica. El objetivo de las salvaguardias es garantizar que se respeten la voluntad y las preferencias de la persona.

i) La prestación de apoyo para el ejercicio de la capacidad jurídica no debe depender de una evaluación de la capacidad mental; para ese apoyo en el ejercicio de la capacidad jurídica se requieren indicadores nuevos y no discriminatorios de las necesidades de apoyo»[21].

---

21 Punto 29 de la *Observación General n.º 1* del Comité sobre Derechos de las Personas con Discapacidad.

No es de extrañar los «quebraderos» de cabeza que ha dado el mencionado precepto a los legisladores de los distintos países signatarios de la Convención, pues, como menciona García Pons[22], «la discusión en torno a este artículo puso en peligro la adopción misma del texto final de la Convención».

22 García Pons, Antonio: «El artículo 12 de la Convención de Nueva York de 2006 sobre los derechos de las personas con discapacidad y su impacto en el derecho civil de los estados signatarios», *Anuario de derecho civil*, ISSN 0210-301X, vol. 66, n.º 1, 2013, págs. 59-147.

# II.

# LAS PERSONAS CON DISCAPACIDAD EN DERECHO ESPAÑOL

En España, a pesar de la dispersión normativa existente sobre la materia que había ayudado a adecuar la terminología a la Convención de Nueva York[23], y de la transposición de las Directivas sobre igualdad de trato y no discriminación 2000/43 y 2000/78 por la Ley 62/2003, de 30 de diciembre, de medidas fiscales, administrativas y de orden social, el artículo 25 del Código Penal continuaba hablando de «incapaz» y de «incapacitación», algo que fue modificado por la LO 1/2015, de 30 de marzo, de forma que ahora se considera discapacidad «aquella situación en que se encuentra una persona con deficiencias físicas, mentales, intelectuales o sensoriales de carácter permanente que, al interactuar con diversas barreras, puedan limitar o impedir su participación plena y efectiva en la sociedad, en igualdad de condiciones con las demás», y persona con discapacidad necesitada de especial protección «aquella persona con discapacidad que, tenga o no judicialmente modificada su capacidad de obrar,

---

23 Ley 51/2003, de 2 de diciembre, de igualdad de oportunidades, no discriminación y accesibilidad universal de las personas con discapacidad, Ley 39/2006, de 14 de diciembre, de Promoción de la Autonomía Personal y Atención a las personas en situación de dependencia, Ley 26/2011, de 1 de agosto, de adaptación normativa a la Convención Internacional sobre los Derechos de las personas con Discapacidad, y Real Decreto Legislativo 1/2013, de 29 de noviembre, por el que se aprueba el Texto Refundido de la Ley General de derechos de las personas con discapacidad y de su inclusión social.

requiera de asistencia o apoyo para el ejercicio de su capacidad jurídica y para la toma de decisiones respecto de su persona, de sus derechos o intereses a causa de sus deficiencias intelectuales o mentales de carácter permanente».

Aun así, en nuestra realidad jurídica seguían existiendo los procedimientos de «incapacitación» al no haberse implementado el artículo 12 de la Convención que reconocía capacidad jurídica a las personas con discapacidad en igualdad de condiciones y para todos los aspectos de la vida, obligando a respetar su voluntad y preferencias. Consecuencia de ello, se seguía anulando a la persona con discapacidad de su capacidad jurídica, y se le seguía nombrando un tutor que actuara en su nombre en todos los campos de su vida, siendo la curatela una medida más excepcional a pesar de resultar más acorde con las directrices de la Convención, pues se trata de nombrar a alguien que «apoye» y no que «sustituya» la voluntad de las personas con discapacidad.

Ello ya se comenzó a advertir por nuestro Tribunal Supremo en la Sentencia de 29 de abril de 2009, en la que se «aboga por la eliminación del sistema tutelar español y la adopción de un «nuevo sistema de apoyo, que requerirá necesariamente de una profunda, sino nueva, reforma legislativa»; proponiendo que mientras que no se modifique, la curatela sea «reinterpretada a la luz de la Convención, desde el modelo de apoyo y asistencia y el principio del superior interés de las persona con discapacidad, parecen la respuesta más idónea»[24].

Como menciona Antonio Fernández de Buján[25], los textos legislativos españoles que comenzaron a introducir verdaderas adaptaciones al artículo 12 de la Convención de Nueva York fueron los siguientes:

- La Ley Orgánica 1/2017, de modificación de la Ley Orgánica del Tribunal del Jurado, para garantizar la participación de las personas con discapacidad sin exclusiones.
- La Ley 4/2017, en relación con el derecho a contraer matrimonio de las personas con discapacidad en igual-

24 Pleno del Tribunal Supremo, Sentencia 282/2009, de 29 de abril.

25 Fernández de Buján, Antonio: «La Ley 8/2021, para el apoyo a las personas con discapacidad en el ejercicio de su capacidad jurídica: un nuevo paradigma de la discapacidad (1)», *Diario La Ley*, n.º 9961, Sección Tribuna, 26 de noviembre de 2021, Wolters Kluwer, LA LEY 12161/2021.

dad de condiciones que las demás, conforme a la nueva redacción dada al art. 56. 2 del Código Civil.

- La Ley Orgánica 2/2018, para la modificación de la Ley del Régimen Electoral General, para garantizar el derecho de sufragio de todas las personas con discapacidad.
- La Ley Orgánica 3/2018, de protección de Datos Personales y Garantía de los Derechos Digitales.
- El reconocimiento de la capacidad de testar de las personas con discapacidad mental e intelectual, conforme a la Jurisprudencia del Tribunal Supremo de 2018.
- La Ley 2/2020, de eliminación de la esterilización forzosa o no consentida de personas con discapacidad con grave trastorno psíquico previamente incapacitadas.

Aun así, era necesario una reforma de nuestro sistema de protección de personas con discapacidad, de forma que se eliminara el régimen de tutela sustitutivo de la voluntad, se les reconociera capacidad para ejercitar los derechos de los que son titulares, y se arbitrara un régimen de apoyo que respetara los mandatos del artículo 12 de la Convención[26].

Así, llegamos a la Ley 8/2021, de 2 de junio, por la que se reforma la legislación civil y procesal para el apoyo a las personas con discapacidad en el ejercicio de su capacidad jurídica, la cual entró en vigor el 3 de septiembre de 2021. Esta ley resulta de aplicación en todo el territorio nacional, salvo en aquellas comunidades autónomas con Derecho

---

26 Punto 13 *Observación General n.º 1* del Comité: «La capacidad jurídica y la capacidad mental son conceptos distintos. La capacidad jurídica es la capacidad de ser titular de derechos y obligaciones (capacidad legal) y de ejercer esos derechos y obligaciones (legitimación para actuar)».

Punto 27. «Los regímenes basados en la sustitución en la adopción de decisiones pueden revestir muchas formas diferentes, entre ellas la tutela plena, la interdicción judicial y la tutela parcial. Sin embargo, todos esos regímenes tienen ciertas características en común: pueden describirse como sistemas en los que: i) se despoja a la persona de la capacidad jurídica, aunque sea con respecto a una única decisión; ii) puede nombrar al sustituto que tomará las decisiones alguien que no sea la persona concernida y ese nombramiento puede hacerse en contra de su voluntad; y iii) toda decisión adoptada por el sustituto en la adopción de decisiones se basa en lo que se considera el "interés superior" objetivo de la persona concernida, en lugar de basarse en su propia voluntad y sus preferencias».

Civil propio, las cuales mantienen particularidades: Aragón mantiene el proceso judicial de «incapacitación» y el régimen de tutela, si bien se ha propuesto una reforma legislativa al resultar inviable la aplicación de estas instituciones debido a la reforma procesal; en Galicia, País Vasco y Navarra aún no se ha reformado su derecho civil para eliminar las referencias a la «incapacitación» y tutela; y en Cataluña sí se ha dictado el Decreto Ley 19/2021, de 31 de agosto, por el que se adapta el Código Civil Catalán a la Ley 8/2021, aunque ya regulaba la figura del «asistente» como alternativa a la tutela[27].

En conclusión, la reforma resulta de aplicación en todo el territorio español en el que rige el Derecho Común, y en aquellas comunidades autónomas con derechos forales se está llevando a cabo una profunda revisión y reforma de su derecho civil para adaptarlo, no ya al Código Civil Común, a la Ley de Enjuiciamiento Civil y a la Ley de Jurisdicción Voluntaria, sino a la Convención de Nueva York de 2006 sobre personas con discapacidad, tratado internacional firmado por España y, por tanto, de obligado cumplimiento, debiendo adaptarse para ello su derecho interno, sin que quepa distinción entre territorios.

27 Ley 25/2010, de 29 de julio, del Libro Segundo del Código Civil de Cataluña, relativo a la Persona y a la Familia.

# III.

# CAMBIOS ESENCIALES PRODUCIDOS POR LA LEY 8/2021 EN EL ÁMBITO DE LAS PERSONAS CON DISCAPACIDAD

La Ley 8/2021, de 2 de junio, por la que se reforma la legislación civil y procesal para el apoyo a las personas con discapacidad en el ejercicio de su capacidad jurídica, consta de ocho artículos, dos disposiciones adicionales, seis transitorias, una derogatoria y tres finales. Los ochos artículos modifican la Ley del Notariado, el Código Civil en 156 artículos, la Ley Hipotecaria, la Ley de Enjuiciamiento Civil, la Ley de Protección patrimonial de las personas con discapacidad, la Ley de Enjuiciamiento Civil, la Ley del Registro Civil, la Ley de la Jurisdicción Voluntaria, y el Código de Comercio, entre otros textos legales.

Pues bien; el primer cambio jurídico esencial consiste en que no ofrece un concepto jurídico de qué debe entenderse por persona con discapacidad, eliminando la definición orientativa que nos ofrecía el derogado artículo 200 del Código Civil[28]. CALAZA LÓPEZ considera que la nueva reforma «deja en la nebulosa la causa petendi, pues no se expone qué tipo de discapacidad puede originar una pretensión de provisión de apoyos», mientras que la doctrina más autorizada

---

28 Artículo 200 del CC anterior a la reforma: «Son causas de incapacitación las enfermedades o deficiencias persistentes de carácter físico o psíquico que impidan a la persona gobernarse por sí misma».

ha manifestado que «esta omisión ha sido consciente ante la ductilidad, dinamismo y variabilidad de la discapacidad...»[29].

Para hacernos una idea de qué debe entenderse por persona con discapacidad debemos acudir a lo que dispone el RDL 1/2013, de 29 de noviembre, por el que se aprueba el Texto Refundido de la Ley General de derechos de las personas con discapacidad y de su inclusión social, el cual rescataba el criterio médico de «deficiencias físicas, mentales, intelectuales o sensoriales»[30].

Un segundo cambio esencial es la eliminación del estado civil de «incapacitado» y del procedimiento para modificar judicialmente la capacidad, considerándose que el principio de igualdad obliga a que las personas con discapacidad puedan actuar en la vida diaria como el resto de la sociedad sin que sean objeto de discriminación. Sin embargo, las medidas de apoyo a las personas con discapacidad sí accederán siempre al Registro Civil como «circunstancia de la persona» que motiva su publicidad registral[31], pero solo se comunicará

29 Calaza López, Sonia: «La justicia civil indisponible en la encrucijada: la asincronía entre la reforma sustantiva y procesal en la provisión de apoyos a las personas con discapacidad», *Diario La Ley*, Núm. 9939. octubre 2021. Sección Novedad Editorial. Pág. 7.

30 Artículo 4 RDL 1/2013, de 29 de noviembre, por el que se aprueba el Texto Refundido de la Ley General de derechos de las personas con discapacidad y de su inclusión social: «1. Son personas con discapacidad aquellas que presentan deficiencias físicas, mentales, intelectuales o sensoriales, previsiblemente permanentes que, al interactuar con diversas barreras, puedan impedir su participación plena y efectiva en la sociedad, en igualdad de condiciones con los demás. 2. Además de lo establecido en el apartado anterior, y a todos los efectos, tendrán la consideración de personas con discapacidad aquellas a quienes se les haya reconocido un grado de discapacidad igual o superior al 33 por ciento. Se considerará que presentan una discapacidad en grado igual o superior al 33 por ciento los pensionistas de la Seguridad Social que tengan reconocida una pensión de incapacidad permanente en el grado de total, absoluta o gran invalidez, y a los pensionistas de clases pasivas que tengan reconocida una pensión de jubilación o de retiro por incapacidad permanente para el servicio o inutilidad».

31 Artículo 4 de la LRC: «Tienen acceso al Registro Civil los hechos y actos que se refieren a la identidad, estado civil y demás circunstancias de la persona. Son, por tanto, inscribibles: ... 11.° Las resoluciones judiciales dictadas en procedimientos de provisión de medidas judiciales de apoyo a personas con discapacidad (...)». Artículo 260

la resolución judicial al Registro de la Propiedad, al Registro Mercantil, al Registro de Bienes Muebles, o a cualquier otro Registro Público, a petición de la persona en favor de la cual el apoyo se ha constituido o de su curador, apoderado, representante legal o persona que ejerza el apoyo en cuestión[32]. Ello pone en peligro la seguridad jurídica patrimonial e inmobiliaria, pues los terceros con los que estas personas interactúen en el tráfico jurídico deben verse protegidos, y ello solo se consigue publicando información sobre las «limitaciones» que determinadas personas tienen en el ejercicio de su capacidad jurídica.

Es cierto que el artículo 84 de la Ley de Registro Civil prevé la posibilidad de que las administraciones y los funcionarios públicos puedan acceder a estas resoluciones cuando sea preciso en el ejercicio de sus funciones, pero eso queda ya a «la voluntad» del funcionario en cuestión, pudiéndose haber salvado este riesgo con una comunicación obligatoria de la resolución judicial a todo tipo de registro público por parte del letrado de la Administración de Justicia, o bien, sustituyendo el «podrán» del artículo 84 de la LRC por un «deberán».

En tercer lugar, otro cambio supone la sustitución de la nomenclatura tradicionalmente usada en nuestro ordenamiento para diferenciar entre la capacidad para ser titular de derechos y deberes —capacidad jurídica—, y la capacidad para poder ejercer esos derechos y deberes en la sociedad —capacidad de obrar—. Efectivamente, en nuestro Código Civil se prevé la adquisición de personalidad jurídica (y, por ende, de capacidad jurídica) desde el mismo momento del nacimiento con vida[33]. En los artículos posteriores se regulaba la adquisición de la capacidad de obrar, bien plena al alcanzar la mayoría de edad, bien limitada al emanciparse.

---

y 300 del Código Civil: «Los poderes preventivos a que se refieren los artículos anteriores habrán de otorgarse en escritura pública. El Notario autorizante los comunicará de oficio y sin dilación al Registro Civil para su constancia en el registro individual del poderdante»; «Las resoluciones judiciales y los documentos públicos notariales sobre los cargos tutelares y medidas de apoyo a personas con discapacidad habrán de inscribirse en el Registro Civil».

32 Artículo 755 de la Ley de Enjuiciamiento Civil y artículo 84 de la Ley de Registro Civil.

33 «(...) entero desprendimiento del seno materno», artículo 30 del Código Civil.

Empero, ahora, por razones puramente éticas, se habla únicamente de capacidad jurídica, concepto que engloba tanto la capacidad para ser titular de derechos y deberes, como la legitimación para poder ejercerlos. Se trata de hacer ver que las personas con discapacidad pueden «obrar» como el resto de la sociedad, algo que, a mi parecer, encierra un eufemismo políticamente correcto[34].

Un cuarto cambio esencial sería la eliminación de nuestro ordenamiento del régimen de tutela, de la institución de la patria potestad prorrogada y de la patria potestad rehabilitada, como medidas de protección a las personas con discapacidad. Ahora se ha creado un sistema de medidas de apoyo que varían según las circunstancias personales y familiares, las necesidades que la discapacidad conlleva, y la voluntad de la persona.

Ya la Sentencia del Tribunal Supremo 600/2015, de 4 de noviembre, rechazaba la rehabilitación de la patria potestad por ser una medida de contenido y alcance tan amplio que colisionaba con una interpretación del apoyo como complemento y asistencia, resolviendo que lo apropiado era la curatela ejercida por la madre.

Así, la derogación de esta institución se explica por la rigidez que implica el mantenimiento o la rehabilitación de la patria potestad, la carga que para los padres conllevaba la asunción del deber y la oportunidad de que la persona con discapacidad se prepare para vivir en el futuro sin la presencia de sus progenitores y así pueda adquirir un mayor grado de independencia. Ahora nos encontramos con medidas fácticas (guardador de hecho), medidas voluntarias (autocuratela), y medidas judiciales (defensor judicial y curatela). La mayoría tienen finalidad exclusivamente asistencial —esto

34 GÓMEZ-LINACERO CORRALIZA, Adrián: «Análisis crítico de los fundamentos de la Ley 8/2021, de 2 de junio, en materia de discapacidad»: «De nuevo la reforma parece pecar de un excesivo utopismo o ensoñación al pretender atribuir a las personas con discapacidad el mismo grado para regir con eficacia y propiedad su vida jurídica y relaciones legales que a las personas con plenas facultades; la voluntad, elemento consustancial de validez de una obligación (legal o contractual), se presenta viciada (como antes reconocía el art. 1263.2.º CC), en mayor o menor intensidad, en muchas de las personas que padecen discapacidad (lo que daba lugar a la nulidad relativa o radical en función del grado de limitación padecida)».

es, no sustituyen la voluntad de la persona con discapacidad, sino que la ayudan en la toma de decisiones—, y, solo en aquellos supuestos límite en los que no sea posible averiguar los deseos y preferencias de la persona con discapacidad, se podrá acudir a medidas judiciales con finalidad representativa —esto es, sustituyen la voluntad de la persona—, algo que, como posteriormente analizaremos detenidamente, no resulta en la práctica tan excepcional.

En quinto lugar, otra novedad sería el tipo de procedimiento usado para la tramitación y adopción de las medidas de apoyo judiciales, considerándose que resulta más acorde al espíritu de la Convención de Nueva York un procedimiento de Jurisdicción Voluntaria preferente y sin requisitos de postulación (salvo la persona con discapacidad, quien sí tiene que personarse asistida por abogado y representada por procurador).

El art. 42 bis b) 3 de la LJV señala que «en la comparecencia se procederá a celebrar una entrevista entre la autoridad judicial y la persona con discapacidad, a quien, a la vista de su situación, podrá informar acerca de las alternativas existentes para obtener el apoyo que precisa, bien sea mediante su entorno social o comunitario, o bien a través del otorgamiento de medidas de apoyo de naturaleza voluntaria», mientras que el apartado 5 prevé que «la oposición de la persona con discapacidad a cualquier tipo de apoyo (...) pondrá fin al expediente», transformándolo en contencioso.

Ello provoca graves dificultades procedimentales, pues la simple negativa de una persona que no se encuentra en el pleno uso de sus facultades intelectivas y volitivas durante la entrevista por la comisión judicial, dará al traste con la celeridad procedimental pretendida con la reforma[35].

Por último, entre los cambios a destacar se encuentra la obligación judicial de que las medidas de apoyo sean revisadas en un nuevo expediente de Jurisdicción Voluntaria, revi-

35 FISCALÍA PROVINCIAL DE SEVILLA, Sección Provisión de Apoyos a Personas con Discapacidad, Cuestiones Generales: «En la entrevista judicial a la persona con Discapacidad, como acto central del expediente, debe siempre tenerse presente los ajustes de procedimiento, art. 7 bis LJV, teniendo presente la figura del facilitador, y el art. 42 bis a) encomendando al LAJ garantizar que la persona con discapacidad cuente con *ajustes razonables*».

sión que se llevará a cabo cada tres años como mínimo, o seis años como máximo y de forma excepcional y motivada, y así poder comprobar que las necesidades de la persona con discapacidad no han variado o que, por el contrario, resulta preciso sustituir la medida por otra más laxa o más restrictiva. Ello resulta bastante novedoso frente al sistema anterior de sentencia con efecto de cosa juzgada[36], y más aún, cuando la revisión se realizará siempre en expediente de Jurisdicción Voluntaria a pesar de que la medida de apoyo fuera acordada en proceso contencioso[37].

La Sentencia del Pleno de la Sección Civil del Tribunal Supremo 589/2021, de 8 de septiembre (Rec. 4187/2019) nos resume la reforma con las siguientes afirmaciones:

- *«La provisión de apoyos judiciales deja de tener un carácter preferente y se supedita a la ausencia o insuficiencia de las medidas previstas por el propio interesado»*.
- *«El anterior régimen de guarda legal (tutela y la curatela), para quienes precisan el apoyo de modo continuado, ha sido reemplazado por la curatela, cuyo contenido y extensión debe ser precisado por la resolución judicial que la acuerde «en armonía con la situación y circunstancias de la persona con discapacidad y con sus necesidades de apoyo» (párrafo 5 del art. 250 CC)»*.
- *«El contenido de la curatela puede llegar a ser muy amplio, desde la simple y puntual asistencia para una actividad diaria, hasta la representación, en supuestos excepcionales. Es el juez quien debe precisar este contenido en la resolución que acuerde o modifique las medidas»*.
- *«No obstante, cuando sea necesario, al resultar insuficientes las medidas asistenciales, cabría dotar a la curatela de funciones de representación. Ordinariamente, cuando la discapacidad afecte directamente a la capacidad de tomar decisiones y de*

36 PALLARÉS NEILA, Javier: «La revisión de las sentencias dictadas en el nuevo procedimiento de provisión de apoyos», *Revista de Derecho Civil*, Vol. 5, núm. 3 (julio – septiembre 2018): «DÍEZ PICAZO Y PONCE DE LEÓN (1986) advertía que parecía dotar a la decisión de incapacitación de una implícita condición *rebus sic stantibus* y determinar además una eficacia de cosa juzgada con limitación al mantenimiento de las condiciones».

37 FISCALÍA PROVINCIAL DE SEVILLA, Sección de Provisión de Apoyos a Personas con Discapacidad, Cuestiones Generales.

*autodeterminación, con frecuencia por haber quedado afectada gravemente la propia consciencia, presupuesto de cualquier juicio prudencial ínsito al autogobierno, o, incluso, en otros casos, a la voluntad».*

- *«El empleo del verbo "atender", seguido de "en todo caso", subraya que el juzgado no puede dejar de recabar y tener en cuenta (siempre y en la medida que sea posible) la voluntad de la persona con discapacidad destinataria de los apoyos, así como sus deseos y preferencias, pero no determina que haya que seguir siempre el dictado de la voluntad, deseos y preferencias manifestados por el afectado» si ello fuera en contra de su propia seguridad y protección.*

# IV.

# MEDIDAS DE APOYO A LAS PERSONAS CON DISCAPACIDAD PARA EL EJERCICIO DE SU CAPACIDAD JURÍDICA

La Exposición de Motivos de la Ley 8/2021, de 2 de junio, nos dice que «el elemento sobre el que pivota la nueva regulación no va a ser ni la incapacitación de quien no se considera suficientemente capaz, ni la modificación de una capacidad que resulta inherente a la condición de persona humana y, por ello, no puede modificarse. Muy al contrario, la idea central del nuevo sistema es la de apoyo a la persona que lo precise, apoyo que, tal y como la ya citada *Observación General* de 2014 recuerda, es un término amplio que engloba todo tipo de actuaciones: desde el acompañamiento amistoso, la ayuda técnica en la comunicación de declaraciones de voluntad, la ruptura de barreras arquitectónicas y de todo tipo, el consejo, o incluso la toma de decisiones delegadas por la persona con discapacidad. Cabe añadir, incluso, que en situaciones donde el apoyo no pueda darse de otro modo y solo ante esa situación de imposibilidad, este pueda concretarse en la representación en la toma de decisiones». Para ello, concreta los apoyos legales en medidas voluntarias decididas por la propia persona con discapacidad (autocuratela); medidas fácticas, esto es, apoyos que ya se dan en el día a día de la persona con discapacidad, normalmente, por familiares (guarda de hecho); y medidas judiciales, *ultima ratio* a la que acudir, bien por inexistencia de las anteriores, bien por no resultar suficientes para que se pueda ejercer correctamente la capacidad jurídica de la persona con discapacidad (curatela, defensor judicial)[38].

38 Artículo 250 del Código Civil tras la reforma operada por la Ley 8/2021.

# V.

# MEDIDAS DE APOYO VOLUNTARIAS. PODERES Y MANDATOS PREVENTIVOS

El artículo 255 de la ley establece que:

«Cualquier persona mayor de edad o menor emancipada en previsión o apreciación de la concurrencia de circunstancias que puedan dificultarle el ejercicio de su capacidad jurídica en igualdad de condiciones con las demás, podrá prever o acordar en escritura pública medidas de apoyo relativas a su persona o bienes.

Podrá también establecer el régimen de actuación, el alcance de las facultades de la persona o personas que le hayan de prestar apoyo, o la forma de ejercicio del apoyo, el cual se prestará conforme a lo dispuesto en el artículo 249 del Código Civil.

Asimismo, podrá prever las medidas u órganos de control que estime oportuno, las salvaguardas necesarias para evitar abusos, conflicto de intereses o influencia indebida y los mecanismos y plazos de revisión de las medidas de apoyo, con el fin de garantizar el respeto de su voluntad, deseos y preferencias.

El Notario autorizante comunicará de oficio y sin dilación el documento público que contenga las medidas de apoyo al Registro Civil para su constancia en el registro individual del otorgante. Solo en defecto o por insuficiencia de estas medidas de naturaleza voluntaria, y a falta de guarda de hecho que suponga apoyo suficiente, podrá la autoridad judicial adoptar otras supletorias o complementarias».

Por tanto, la propia persona con discapacidad, previendo necesidades de apoyo presentes o futuras, decide regular su propio régimen de asistencia, decidiendo la persona que desea que se encargue de prestarle dicho apoyo, así como la forma del mismo.

Para ello, la persona con discapacidad deberá acudir al notario para dejar su voluntad al respecto de los apoyos decididos en escritura pública. El notario deberá plasmar en el poder la voluntad que se le manifieste, voluntad que podrá se expresada por la vía que le resulte más sencilla a la persona con discapacidad (lenguajes gráficos, aumentativos, signos, braille, etc.), incluso sirviéndose de personas de su confianza, pero tratando de garantizar el notario que no se producen influencias o abusos por estos acompañantes, para que la voluntad expresada resulte enteramente libre.

Los poderes regulados en la Ley pueden surtir efectos desde que el poderdante los otorga ante notario y prever en ellos una cláusula que diga expresamente que el poder subsiste si en el futuro el poderdante precisa apoyo en el ejercicio de su capacidad[39], o pueden otorgarse solo para el supuesto de que en el futuro el poderdante precise apoyo en el ejercicio de su capacidad[40].Los primeros se denominan usualmente «poderes con subsistencia de efectos»; los segundos son estrictamente los «poderes preventivos o de previsión».

Así pues, el contenido del poder es muy amplio, pues puede determinar desde el momento exacto que debe considerarse que la persona precisa de apoyos, esto es, cuándo comenzaría a ser efectiva la autocuratela (desde la obtención de un diagnóstico médico, desde una fecha concreta, cuando se produzca un acontecimiento futuro, etc.), el campo precisado de asistencia (todos los negocios, asuntos con entida-

39 Artículo 256 del Código Civil: «El poderdante podrá incluir una cláusula que estipule que el poder subsista si en el futuro precisa apoyo en el ejercicio de su capacidad».

40 Artículo 257 del Código Civil: «El poderdante podrá otorgar poder solo para el supuesto de que en el futuro precise apoyo en el ejercicio de su capacidad. En este caso, para acreditar que se ha producido la situación de necesidad de apoyo se estará a las previsiones del poderdante. Para garantizar el cumplimiento de estas previsiones se otorgará, si fuera preciso, acta notarial que, además del juicio del Notario, incorpore un informe pericial en el mismo sentido».

des bancarias, representación en empresas determinadas, etc), la forma de prestarse la misma (mero acompañamiento, asistencia, etc.), así como las causas de extinción de esta medida.

Este régimen permite a la persona con discapacidad elegir libre y voluntariamente cómo quiere vivir su discapacidad en todas sus fases, y hacer que se respete su voluntad, tanto cuando aún conserva sus facultades intelectivas intactas, como cuando las mismas han mermado.

Ello no impide que puedan actuar las medidas judiciales de apoyo, bien porque se estén dado situaciones de abuso o influencias indebidas por parte del prestador de los apoyos denunciadas por familiares o terceros, bien porque el poder haya devenido insuficiente para prestar todos los apoyos que, como consecuencia del avance de la discapacidad, se precisan.

En el primero de los supuestos, bastará con solicitar ante el juez el cese del apoyo designado y la adopción de una medida de apoyo judicial; en el segundo de los supuestos, se podrá complementar el poder solicitando medidas de apoyo judiciales, bien para aquellos campos no previstos, bien para establecer otro régimen de asistencia, o para establecer una curatela de carácter representativo ante la excepcional situación degenerativa a la que haya llegado la discapacidad.

Ahora bien; el artículo 259 del CC prevé que cuando el poder comprenda todos los negocios del otorgante, el apoderado quedará sujeto a las reglas aplicables a la curatela en todo aquello no previsto en el poder, salvo que el poderdante haya determinado otra cosa.

Por lo tanto, en aquellos supuestos en los que la persona con discapacidad haya previsto un régimen de representación o asistencia para todos sus «negocios», el apoderado actuará sometido a las normas de la curatela, esto es, como de un curador se tratara sin necesidad de que la curatela sea constituida judicialmente, precisando de autorización judicial para determinados actos al igual que sucedía con los tutores en la anterior regulación (actual artículo 287 del CC).

Sin embargo, la Disposición Transitoria Tercera de la Ley 8/2021 prevé que los apoderados nombrados en poderes y mandatos preventivos otorgados con anterioridad a la entrada en vigor de la ley se vean exonerados de la aplicación de los artículos 284 a 290 del Código Civil relativos a la constitución de fianza, formación de inventario y a la autorización judicial exigida para determinados actos jurídicos, de forma que un apoderado designado para intervenir en todos los «negocios» de su poderdante (artículo 259 CC) con anterioridad al 3 de septiembre de 2021 no precisará de autorización judicial para, por ejemplo, la venta de bienes inmuebles de su poderdante.

La explicación a esta distinción la trata de exponer la Sentencia de la Sección Quinta de la Audiencia Provincial de Asturias 127/2022, de fecha 13 de abril[41], que nos dice que «presumiblemente, de no establecerse dicha exclusión, podría entrar dicho régimen en contradicción con la voluntad del poderdante, que a la fecha del otorgamiento del poder con fines preventivos no podía prever el sometimiento de su voluntad a reglas distintas de las por él pretendidas».

Por el contrario, el actual artículo 259 del CC permitiría que el poderdante que otorga poderes tras la reforma, prevea una representación en el ámbito patrimonial sin necesidad de constitución judicial de la institución de la curatela, razón por lo que le serían de aplicación al apoderado los artículos relativos a la constitución de fianza, formación de inventario y necesidad de obtención de previa autorización judicial para la realización de determinados actos jurídicos en nombre de la persona con discapacidad, a no ser que esta haya dispuesto lo contrario.

La sentencia anteriormente mencionada analiza un conflicto de intereses en el caso de un hijo que ejerce poderes generales sobre el patrimonio de su madre, persona con discapacidad, y se plantea la posibilidad de su revocación y nombramiento de medidas de apoyo.

Sin embargo, la resolución concluye que, a pesar de haberse demostrado el uso de los poderes en interés propio y no de la persona con discapacidad, «la declaración de la vigencia de estos poderes, pese a la constitución de otras medidas de apoyo, como puede ser la curatela (art. 258 párrafo 1 del CC), constituye un paso más en el respeto y preeminencia de la voluntad del sujeto afectado de discapacidad pues, paralelamente a esa declaración, la Ley 8/2021 reformó el art. 1732 del CC ... que mantiene la vigencia de

---

41 AUDIENCIA PROVINCIAL DE ASTURIAS, Sección 5.ª, Sentencia 127/2022 de 13 abr. 2022, Rec. 664/2021, La Ley 119567/2022.

los mandatos preventivos en el supuesto de establecerse en apoyo del mandante una curatela representativa (ordinal 5.º)».

Cierto que el respeto de la voluntad de la persona con discapacidad debe prevalecer en la decisión judicial de nombramiento de medidas de apoyo, pero no debemos perder de vista lo dispuesto por el art. 258 *in fine* del CC, que permite a cualquier persona legitimada para instar un procedimiento de provisión de apoyos solicitar judicialmente la extinción de los poderes concedidos si concurrieran en el apoderado alguna de las causas para la remoción del curador, por ejemplo, ejercer mal el cargo (art. 278 CC).

Por último, cualquier persona legitimada para instar el proceso para la provisión de apoyos, así como el curador, podrán iniciar un expediente de jurisdicción voluntaria para la extinción de los poderes concedidos por la persona con discapacidad si en el apoderado concurriera cualquiera de las causas para la remoción del curador (artículo 51 bis de la LJV).

En dicho expediente se citará a una comparecencia al solicitante, al apoderado, a la persona con discapacidad, al Ministerio Fiscal, y, en su caso, al curador, y si se suscitara oposición, el letrado de la Administración de Justicia lo transformará a juicio contencioso, citando a las partes a una vista que seguirá la tramitación del juicio verbal.

# VI.

# AUTOCURATELA: ¿ES MEDIDA DE APOYO VOLUNTARIA O JUDICIAL?

La Sentencia de la Sala Primera del Tribunal Supremo 465/2019, de 17 de septiembre[42], previa a la reforma, declaró que «una de las manifestaciones del principio de autonomía de la voluntad de las personas, la encontramos en el régimen de autotutela, que consagra el art. 223 párrafo segundo del CC, que permite a una persona, con capacidad, notarialmente aseverada, al exigirse el otorgamiento de documento público notarial, que designe expresamente a quien ha de velar por su persona y bienes, ante la eventualidad de que se vea imposibilitada de hacerlo por sí misma, requiriendo los apoyos correspondientes propios de la curatela, o, en su caso, el sometimiento al mecanismo más severo de la tutela; es decir exteriorizar su preferencia sobre la concreta persona o personas que se encargarán de su cuidado, excluir expresamente a otras, o refutar la tutela institucional.

La expresada posibilidad legal, también admitida en el derecho catalán y aragonés, no es otra cosa que el reconocimiento de la dignidad de la persona, que comprende la facultad de autodeterminarse; o, dicho de otro modo, de ser protagonista de su propia existencia, de adoptar las decisiones más transcendentes, que marcan su curso vital, según sus deseos, sentimientos y aptitudes, en la medida en que quepa satisfacerlos».

---

42 TRIBUNAL SUPREMO, Sala Primera, de lo Civil, Sentencia 465/2019 de 17 sep. 2019, Rec. 5199/2018, La Ley 133919/2019.

Con la reforma, el artículo 271 del Código Civil prevé que «cualquier persona mayor de edad o menor emancipada, en previsión de la concurrencia de circunstancias que puedan dificultarle el ejercicio de su capacidad jurídica en igualdad de condiciones con las demás, podrá proponer en escritura pública el nombramiento o la exclusión de una o varias personas determinadas para el ejercicio de la función de curador. Podrá igualmente establecer disposiciones sobre el funcionamiento y contenido de la curatela y, en especial, sobre el cuidado de su persona, reglas de administración y disposición de sus bienes, retribución del curador, obligación de hacer inventario o su dispensa y medidas de vigilancia y control, así como proponer a las personas que hayan de llevarlas a cabo».

La doctrina ha definido esta institución en una doble vertiente: *«en primer lugar se trata de «una manifestación de voluntad, en virtud de la cual el potencial beneficiario, una persona física, mayor de edad, menor emancipado o habilitado de edad en previsión que se produzca una eventual y futura situación de discapacidad que requiera apoyo continuado, propone la curatela como medida de apoyo necesaria para el adecuado ejercicio de su capacidad jurídica, desarrollo de su personalidad y condiciones de igualdad»; y, finalmente, se termina de definir, como «una situación jurídica de salvaguarda o medida institucional de apoyo, en el sentido que tal declaración de voluntad vincula a la autoridad jurídica y genera una situación jurídica de conformidad con la extensión y límites de la resolución judicial que constituya la curatela regulada por las disposiciones del declarante, por lo declarado en la resolución judicial y lo establecido por la ley»*[43].

De acuerdo con lo anterior y, a diferencia de lo que hemos visto en relación con los poderes y mandatos preventivos, la autocuratela se trata de aquella escritura pública en la que la persona prevé la necesidad futura de precisar asistencia o representación por parte de una persona que ejercerá su apoyo de acuerdo con la regulación de la figura del curador, no siendo de aplicación en los supuestos de necesidades ya

43 López San Luis, R.: «El principio de respeto a la voluntad de la persona con discapacidad en la Convención de Nueva York (2006), y su reflejo en el anteproyecto de ley por la que se reforma la legislación civil y procesal en materia de discapacidad», *Indret*, número 2, 2020, pp. 130-131.

subsistentes, abarcando tanto el ámbito patrimonial como el personal.

La Sentencia de la Sección Primera del Tribunal Supremo 734/2021, de fecha 2 de noviembre[44], declara que:

> «las características, que delimitan jurídicamente la autocuratela, tal y como es concebida por la ley, son las siguientes:
>
> i) Nos hallamos ante un negocio jurídico de derecho de familia, de carácter unilateral, pues proviene de la voluntad del otorgante, sin necesidad de concordarla con la propia de la persona designada, al tiempo de su otorgamiento.
>
> ii) Es personalísimo, pues pertenece exclusivamente a la esfera dispositiva de la persona interesada que la ejerce, en tanto en cuanto le compete la designación de la persona que, en virtud de su disponibilidad, solicitud, empatía, cercanía y afecto, considera más idónea para prestarle los apoyos precisos para el ejercicio de su capacidad jurídica en condiciones de igualdad; en definitiva, para acompañarla, asistirla o incluso excepcionalmente representarla, con la confianza que ejercerá dicho cargo con respeto a su voluntad, deseos, preferencias, creencias, valores y trayectoria vital (arts. 249 y 250 CC). Sin perjuicio, claro está, de la facultad de designar a una persona jurídica pública o privada que desempeñe tales funciones.
>
> La ley prevé la posibilidad de que se delegue al cónyuge o a otra persona, la elección entre las llamadas en escritura pública a ejercer el cargo. No, por lo tanto, la designación de curador, sino la elección entre los escogidos por la persona interesada (art. 274 CC).
>
> iii) En un negocio jurídico inter vivos, en tanto en cuanto desencadena sus efectos en vida de la persona con discapacidad, al ser concebida precisamente para el apoyo, acompañamiento amistoso, ayuda técnica, ruptura de barreras, consejo e incluso ejercitar excepcionalmente funciones representativas, cuando sea menester.
>
> iv) Es solemne, puesto que su validez precisa que la voluntad se manifieste en escritura pública notarial, como las medidas voluntarias de apoyo (art. 271 CC).

44 TRIBUNAL SUPREMO, Sala Primera, de lo Civil, Sentencia 734/2021 de 2 nov. 2021, Rec. 1201/2021, La Ley 195372/2021.

v) Vincula al juez al proceder al nombramiento de curador, sin perjuicio de que pueda prescindir de dicha designación mediante resolución motivada, por razones graves, desconocidas al tiempo del otorgamiento o por alteración de las circunstancias tenidas en cuenta en el momento de la designación, en los términos del párrafo segundo del art. 272 del CC.

vi) Es revocable, puesto que entra en el marco de las facultades dispositivas del otorgante dejar sin efecto una previa designación efectuada.

vii) Inscribible en el Registro Civil (art. 4-10.º Ley 20/2011, de Registro Civil).

viii) Por último, las facultades de la persona interesada no solo se limitan a la designación de quien vaya a ejercer las funciones de curador, incluso sus sustitutos (art. 273 CC), sino también contempla la opción de establecer las disposiciones, que se consideren oportunas con respecto al funcionamiento y ejercicio del cargo (art. 271 II CC)».

El artículo 272 regula la vinculación que supone para la autoridad judicial esta escritura pública en el procedimiento judicial de constitución de curatela, de manera que, en la medida de lo posible, deberá respetarla tanto en lo relativo a la persona designada (siempre que no hayan acontecido nuevos sucesos relevantes que desconociera la persona con discapacidad en el momento de otorgar la escritura pública de autocuratela), como en lo relativo a las esferas en las que el curador deberá intervenir y el carácter con el que lo hará (siempre que la discapacidad no se haya agravado hasta el punto de que la persona precise de asistencia en más ámbitos de su vida diaria, o ya se encuentren sus facultades intelectivas y volitivas precisadas de representación).

Cumple ese requisito de especial motivación la Sentencia de la Sección Décima de la Audiencia Provincial de Valencia de fecha 16 septiembre 2021[45], la cual nombró a una fundación como curadora de una persona que padecía un trastorno esquizo-afectivo y de la personalidad grupo B y consumo tóxico, no atendiendo a la voluntad manifestada por aquélla de que se designara como curadores a sus herma-

45 Audiencia Provincial de Valencia, Sección 10.ª, Sentencia 440/2021 de 16 sep. 2021, Rec. 240/2020, La Ley 212410/2021.

nos, porque estos estaban asustados, constatando la existencia de una situación de riesgo familiar, por haber tenido lugar numerosos incidentes violentos.

Por otro lado, llama poderosamente la atención el hecho de que los poderes y mandatos representativos otorgados en favor del cónyuge o pareja de hecho se extingan automáticamente por el cese de la convivencia (salvo que la causa sea el internamiento o el poderdante haya dispuesto lo contrario), y en el caso de la autocuratela no se prevea nada similar.

Considero que la explicación la encontramos en la propia ubicación que tiene la regulación de la autocuratela dentro del Código Civil, esto es, fuera del capítulo de las medidas de apoyo voluntarias, razón por la que consideramos que el documento en el que se prevé la asistencia o representación de un curador solo surtirá efectos dentro de un proceso judicial de constitución de curatela, como documento que «sustituirá» a la entrevista que la comisión judicial debe tener con la persona con discapacidad para conocer su voluntad y decisiones.

Por ello, si durante el proceso judicial se pone de manifiesto el cese de la convivencia entre la persona con discapacidad y su cónyuge o pareja de hecho designada curadora, la autoridad judicial se verá legitimada para no atender a dicha voluntad, salvo que se hubiera dispuesto lo contrario por el otorgante.

Este es el motivo por el que consideramos que no nos encontramos ante una medida de apoyo voluntario, pues no funciona de manera autónoma sin «refrendo» judicial, sino como una declaración de voluntad emitida por la persona con discapacidad que será vinculante en el proceso judicial como el caso de la entrevista efectuada por la comisión judicial.

Como nos dice Bellido González del Campo se trata de «una proposición vinculante al juez, para que establezca la curatela, nombrando o excluyendo a determinadas personas para que pueda ostentar el cargo de curador, así como para la determinación de su funcionamiento, según voluntad del declarante, diferenciándose de esta manera de los poderes o mandatos preventivos»[46].

---

46 Bellido González del Campo, Carlos: «Una aproximación a la nueva figura de la autocuratela», *Diario La Ley*, n.° 10080, Sección Tribuna, 1 de junio de 2022.

La Sentencia del Tribunal Supremo 706/2021, de 19 de octubre[47], analiza el supuesto de una señora que en su testamento declara expresamente que «si fuera preciso el nombramiento de un tutor, nombra a su hija X, en su defecto, a su hijo Y, y, por último, en su defecto a su hijo Z. En ningún caso se designará tutor a cualquiera de sus otros hijos ni a ninguna institución tutelar pública o privada u organismo similar»; sin embargo, por considerar a la hija X inidónea para el ejercicio del cargo, se designa como tutor a una institución pública.

En tal caso, se razona por nuestro Alto Tribunal que no existen motivos de peso para no atender a la voluntad de la persona con discapacidad, pues si se consideraron elementos de peso para no atender al primer deseo de ser atendida por su hija X, debería haberse acudido a la voluntad de ser asistida por cualquier de sus otros dos hijos considerados aptos por el tribunal, Y o Z.

> «El artículo 271 del CC, en su nueva redacción, regula la autocuratela, confiriendo a cualquier persona mayor de edad o menor emancipado, en previsión a la concurrencia de circunstancias que puedan dificultarle el ejercicio de su capacidad jurídica en igualdad de condiciones con lo demás, el nombramiento o la exclusión de una o varias personas determinadas para el ejercicio de la función de curador. Una propuesta de nombramiento de tal clase vinculará a la autoridad judicial al constituir la curatela (art. 272 I CC).
>
> No obstante, la autoridad judicial podrá prescindir total o parcialmente de esas disposiciones voluntarias, de oficio o a instancia de las personas llamadas por ley a ejercer la curatela o del Ministerio Fiscal y, siempre mediante resolución motivada, si existen circunstancias graves desconocidas por la persona que las estableció o alteración de las causas expresadas por ella o que presumiblemente tuvo en cuenta en sus disposiciones (art. 272 II CC).
>
> Pues bien, en el caso presente, no se dan las causas legales previstas para prescindir del criterio preferente de la voluntad de la demandada, ya que no concurren circunstancias graves desconocidas por la misma,

47 TRIBUNAL SUPREMO, Sala Primera, de lo Civil, Sentencia 706/2021 de 19 oct. 2021, Rec. 305/2021, La Ley 184629/2021.

o variación de las contempladas al fijar la persona que le prestará apoyos, ya que la testadora convivía y sigue conviviendo con su hija X, que es la persona que le asiste en sus necesidades conforme a sus propios deseos notarialmente expresados, que deben ser respetados, toda vez que, dentro del marco de la esfera de disposición de las personas, se comprende la elección de la que, en atención a su disponibilidad, cercanía, empatía, afecto o solicitud, desempeñe el cargo de curadora.

No cabe, por lo tanto, la imposición de otro sistema alternativo de curatela, como la institucional postulada por la recurrente, o la mancomunada impuesta por la Audiencia, con la atribución además del cargo de curador a una persona expresamente excluida por la demandada. Amén de resultar contraproducente el ejercicio de tal cargo bajo el régimen jurídico de la mancomunidad, dado el conflicto existente entre hermanos, que dificultaría la unidad de actuación que exige la curatela, cuyo ejercicio no es susceptible de conciliarse con discrepancias en las funciones asistenciales o, en su caso, excepcionales de representación (...)

El artículo 234 del CC, considerado como infringido, precisamente señala que para el nombramiento de tutor se preferirá al designado por el propio tutelado conforme al párrafo segundo del art. 223 CC; y es precisamente lo que procede, máxime cuando la testadora exteriorizó, en su momento, tanto notarial como judicialmente, de forma expresa, su voluntad de no ser sometida a una tutela institucional, ya sea esta pública o privada. Lo dispuesto, en los actualmente vigentes arts. 271 y 272 CC, de aplicación al caso, conducen a la misma decisión».

Por tanto, la voluntad manifestada notarialmente por la persona con discapacidad debe regir la decisión judicial a la hora de determinar quién desarrollará el apoyo judicial procedente, y solo cuando concurran circunstancias excepcionales podrá el tribunal apartarse de dicha voluntad.

Así, la sentencia ya mencionada en cuanto a su especial motivación de la Sección Décima de la Audiencia Provincial de Valencia de fecha 16 de septiembre de 2021[48], designa a

48 AUDIENCIA PROVINCIAL DE VALENCIA, Sección 10.ª, Sentencia 440/2021 de 16 sep. 2021, Rec. 240/2020, La Ley 212410/2021.

una institución pública como curadora en contra de la voluntad de la persona con discapacidad, y ello ante la situación de riesgo de repetición de episodios violentos provocados por la persona con discapacidad que asustaba a sus familiares.

# VII.

# MEDIDA DE APOYO FÁCTICA INFORMAL. LA GUARDA DE HECHO

Según el grupo de trabajo del Consejo General del Poder Judicial sobre el nuevo sistema de provisión judicial de apoyos a personas con discapacidad[49], «el orden de prelación de las medidas de apoyo para el ejercicio de la capacidad jurídica de la persona con discapacidad será (...) a falta de medidas voluntarias, la guarda de hecho (...)».

El artículo 263 del Código Civil nos dice que «quien viniere ejerciendo adecuadamente la guarda de hecho de una persona con discapacidad continuará en el desempeño de su función incluso si existen medidas de apoyo de naturaleza voluntaria o judicial, siempre que estas no se estén aplicando eficazmente».

Por tanto, el guardador es la persona que presta su apoyo habitual en la vida de la persona con discapacidad. En la exposición de motivos de la nueva Ley, se describe así: «la realidad demuestra que en muchos supuestos la persona con discapacidad está adecuadamente asistida o apoyada en la toma de decisiones y el ejercicio de su capacidad jurídica por un guardador de hecho —generalmente un familiar, pues la familia sigue siendo en nuestra sociedad el grupo básico de solidaridad y apoyo entre las personas que la componen, especialmente en lo que atañe a sus miembros más vulnerables— que no precisa de una investidura judicial formal que

---

49 La Ley 499/2022, Cód. EX2201.

la persona con discapacidad tampoco desea. Quien viniera ejerciendo adecuadamente la guarda de hecho de una persona con discapacidad continuara en el desempeño de su función incluso si existen medidas de apoyo de naturaleza voluntaria o judicial, siempre que estas no se estén aplicando eficazmente».

Bajo esta lógica legal, se ha alcanzado la conclusión por la Fiscalía Provincial de Sevilla, Sección Provisión de Apoyos a Personas con Discapacidad, cuando exista un guardador de hecho en la práctica, no se informará favorablemente sobre la adopción de medidas de apoyos judiciales[50].

Así, la Sentencia del Juzgado de Primera Instancia Número 7 de Sevilla 561/2021, de fecha 27 de septiembre[51], desestima una demanda entablada por una hija para ser nombrada curadora de su madre con demencia moderada por considerar que su hija ya ejerce el cargo de guardador de hecho en la práctica.

Las conclusiones alcanzadas en las *Jornadas de Fiscales Especialistas de las Secciones de Atención a Personas con Discapacidad y Mayores* celebradas en Madrid los días 27 y 28 de septiembre de 2021[52] consideran que «las posibles actuaciones en las que el guardador de hecho puede ejercer su función como medida de apoyo pueden concretarse en otros numerosos contextos: peticiones de recursos sociales, pensiones, plazas residenciales, formación profesional, solicitudes a los bancos, etc.».

La cuestión que se suscita es cómo saber que estamos ante una guarda de hecho en aquellos supuestos en los que la persona con discapacidad no nos pueda informar claramente al respecto; así, el grupo de trabajo del CGPJ ha considerado acreditable la existencia de un guardador de hecho a través de diversos medios: libro de familia, declaración res-

50 Artículo 263 CC, «quien viniera ejerciendo adecuadamente la guarda de hecho de una persona con discapacidad continuara en el desempeño de su función incluso si existen medidas de apoyo de naturaleza voluntaria o judicial, siempre que estas no se estén aplicando eficazmente».

51 Juzgado de Primera Instancia N.° 7 de Sevilla, Sentencia 561/2021 de 27 sep. 2021, Proc. 1312/2020, La Ley 293518/2021.

52 Conclusiones alcanzadas en las *Jornadas de Fiscales Especialistas de las Secciones de Atención a Personas con Discapacidad y Mayores* celebradas en Madrid los días 27 y 28 de septiembre de 2021.

ponsable de guarda de hecho elaborados por la Administración para cursar peticiones de reconocimiento de situaciones de dependencia, empadronamiento, informes policiales, informe residencial, informes vecinales, testificales, etc.

Cuando en el expediente de Jurisdicción voluntaria incoado por la solicitud de provisión judicial de medidas de apoyo, tras la entrevista con la persona con discapacidad y la práctica de las pruebas consideradas necesarias, se advierta que existe una guarda de hecho adecuada y suficiente, procedería dictar un auto de archivo del expediente sin adoptar las medidas de apoyo judicial solicitadas.

Es recomendable que ese mismo auto deje constancia de la existencia de una guarda de hecho ejercida por X en relación a la persona de Y, y reseñar las funciones que el Código Civil atribuye al guardador de hecho.

Según la Fiscalía Provincial de Sevilla[53], no precisará de autorización judicial para solicitar prestaciones económicas, que no sean de gran transcendencia, (ejemplo, pedir ayudas económicas, pensiones, Ley de Dependencia, recursos sociales, matriculaciones en centros de formación, solicitudes a bancos etc); realizar actos jurídicos sobre bienes que tengan escasa relevancia económica y carezcan de especial significado personal o familiar.

Empero, desde mi punto de vista, ello no resulta tan sencillo debido a la costumbre jurídica seguida hasta ahora, y es que las entidades bancarias e instituciones administrativas solicitan una resolución judicial que acredite la representación que la persona X se otorga sobre la persona Y, y sin dicha resolución, por simple desconocimiento y temor a futuras responsabilidades, niegan las solicitudes efectuadas, haciendo que los guardadores deban acudir a un proceso de jurisdicción voluntaria, bien que se reconozca al guardador de hecho como representante de la persona Y para el caso concreto, bien para conseguir declarar que no es precisa la institución de la curatela porque existe un guardador de hecho.

Así, nos encontramos resoluciones jurídicamente innecesarias, pero esenciales para una práctica efectiva, como son

53 Fiscalía Provincial de Sevilla, Sección Provisión de Apoyos a Personas con Discapacidad.

Autos de Jurisdicción Voluntaria en los que se reconoce a X como guardador de hecho de Y frente a la entidad bancaria Z (Auto 8/2022 del Juzgado de Primera Instancia Número Tres de Córdoba de fecha 11 de enero[54], por ejemplo), o Sentencias que determinan que, en el ámbito económico-patrimonial, el curador actuará como representante de la persona con discapacidad frente a las entidades bancarias (por ejemplo, la Sentencia del Juzgado de Primera Instancia e Instrucción Número 2 de Tafalla 14/2022, de 3 de febrero)[55].

Por ejemplo, la Sentencia anteriormente mencionada del Juzgado de Primera Instancia 7 de Sevilla, para tratar de evitar incidencias para la guardadora de hecho con las entidades bancarias, podría haber completado el fallo mencionando que, si bien se desestima la demanda entablada, ello se hace por existir guardador de hecho que asiste a la persona con discapacidad.

Empero, no estamos ante un criterio unánime, pues a pesar de considerar ajustado a la reforma el criterio expuesto, existen tribunales que nombran medidas de apoyo judiciales aun habiéndose acreditado la existencia de guarda de hecho, entendiendo que es preferible resolver designando curador ante las dudas jurídicas que para otros interlocutores puede suscitar la inexistencia de resolución judicial nombrando a un asistente de la persona con discapacidad.

Por otro lado, también resulta posible nombrar una medida judicial de apoyo a pesar de existir guardador de hecho por las dificultades que encuentra éste durante el ejercicio de su asistencia; por ejemplo, la Sentencia de la Sección Décima de la Audiencia Provincial de Valencia de fecha 20 de octubre de 2021[56] nombra como curadora asistencial a la hermana de una persona con esquizofrenia porque su guardadora de hecho era su madre de 84 años, quien ya no se encuentra en condiciones físicas y psíquicas para ejercer el apoyo de forma eficaz. O la Sentencia de la Sección Décimo Octava de la Audiencia Provincial de Barcelona 231/2022, de 10 de

54 JUZGADO DE PRIMERA INSTANCIA N.° 3 DE CÓRDOBA, Auto 8/2022 de 11 ene. 2022, Proc. 1641/2021, La Ley 4864/2022.

55 JUZGADO DE PRIMERA INSTANCIA E INSTRUCCIÓN N.° 2 DE TAFALLA, Sentencia 14/2022 de 3 feb. 2022, Rec. 121/2021, La Ley 73688/2022.

56 AUDIENCIA PROVINCIAL DE VALENCIA, Sección 10.ª, Sentencia 510/2021 de 20 oct. 2021, Rec. 265/2021, La Ley 265325/2021.

mayo[57], que analiza el supuesto de una persona aquejada de patologías que alteran las habilidades de la vida independiente y sus habilidades instrumentales, siendo su evolución y pronóstico permanente e irreversible, considerándose insuficiente la guarda de hecho por requerir de asistencia.

En cualquier caso, cuando estamos ante actos jurídicos o económicos de gran trascendencia, entonces sí, el guardador de hecho deberá acudir a los juzgados para pedir autorización expresa (artículo 287 del Código Civil).

Un ejemplo claro que diferencia ambos campos nos lo aporta Ortiz Tejonero[58]: *«el guardador está legitimado para actuar en interés de la persona a la que presta apoyo en asuntos de escasa relevancia, por ejemplo, un hijo guardador de hecho de un anciano con deterioro cognitivo que extrae 50 euros de la cuenta corriente de su padre, en la que éste en su momento le autorizó, para comprarle objetos de uso ordinario, o paga con la tarjeta del padre en el supermercado donde le ha hecho la compra, o le pide cita y le acompaña al neurólogo. Este tipo de actos de la vida cotidiana revisten escasa relevancia y comportan, insistimos, una actuación continuista y aparentemente acorde con la trayectoria vital del padre, y, por tanto, se entienden amparados en el ejercicio de la guarda de hecho. Sin embargo, si este mismo hijo, en interés de su padre, pretende contratar un fondo de inversión con la mitad del saldo en cuenta corriente de su padre, aun siendo un fondo de bajo riesgo y por tanto una operación aparentemente beneficiosa, podría encontrarse con la negativa del banco, que podría aducir que al no ser el titular de la cuenta sino un mero autorizado no puede efectuar la contratación o que, aun reconociéndole la cualidad de guardador de hecho, el negocio jurídico no es de escasa relevancia. En estos casos, el guardador de hecho tendría que acudir a la autoridad judicial para recabar la correspondiente autorización».*

Esto no conlleva el desarrollo de la guarda al margen de la ley, pues, como declara el artículo 265 del CC, la autoridad judicial podrá requerir al guardador de hecho en cualquier momento, de oficio o a instancia de parte o del Ministerio Fiscal, para que informe sobre su actuación o rinda cuentas.

57 Audiencia Provincial de Barcelona, Sección 18.ª, Sentencia 231/2022 de 10 may. 2022, Rec. 128/2022, La Ley 129079/2022.

58 Ortiz Tejonero, Macarena: «La guarda de hecho tras la entrada en vigor de la Ley 8/2021», *Diario La Ley* n.º 10053.

El guardador de hecho tiene derecho al reembolso con cargo al patrimonio de la persona con discapacidad de los gastos que haga en el ejercicio de la guarda, y a la indemnización de los daños que sufra como consecuencia de tal ejercicio (artículo 266 del CC), si bien ello deberá acreditarse en el correspondiente proceso de jurisdicción voluntaria.

Ahora bien; en los supuestos de conflictos de intereses entre las partes, oposiciones familiares, o personas con discapacidad con patrimonios extensos que hagan prever una continua solicitud de autorizaciones judiciales por parte del guardador, la guarda de hecho no se considera adecuada, siendo preferible acudir a las medidas de apoyo judiciales.

Por último, la guarda de hecho se extinguirá cuando así lo solicite la persona con discapacidad, cuando desaparezcan las causas que la motivaron, cuando el guardador desista de su actuación, o cuando la autoridad judicial lo estime conveniente (artículo 267 del CC).

Para la eficacia práctica de esta medida de apoyo informal es necesario que tanto las familias como los distintos operadores públicos sean correctamente informados del alcance de la reforma y sus consecuencias.

Como menciona PRADOS GARCÍA[59], *«es fundamental garantizar la difusión de la Ley, acercarse a la realidad de la discapacidad, organizar jornadas formativas y dedicar los medios necesarios para garantizar la coordinación de las distintas instituciones y el diálogo con el ámbito privado»*.

Ya lo afirmaban GARCÍA RUBIO Y SEGARRA CRESPO[60] en su labor por difundir la reforma: «queda pendiente la formación y acompañamiento de las familias y de las propias personas con discapacidad, y muy especialmente se requiere de la formación de las entidades públicas y privadas, entre ellas los bancos, para que tomen conciencia del cambio que conlleva el reconocimiento de la plena capacidad jurídica de todas las personas». «Solo así se permitirá una

---

59 PRADOS GARCÍA, Celia: «Negativa de un banco a reconocer la condición de guardador de hecho. Comentario al Auto 8/2022 del Juzgado de Primera Instancia Número 3 de Córdoba, de 11 de enero de 2022», *Diario La Ley*, n.º 10018.

60 «Diálogos para el futuro judicial XXXVI. La Ley 8/2021, de 2 de junio (LA LEY 12480/2021), y la reforma de la capacidad civil», *Diario La Ley*, n.º 9980 (2021), pp. 1-22.

correcta aplicación de la reforma y se contribuirá a la eliminación de malas prácticas que, como la comentada en este trabajo, remiten el asunto a órganos jurisdiccionales en supuestos para los que no se requiere ningún tipo de autorización judicial».

Hasta aquí hemos analizado la guarda de hecho como una medida de apoyo asistencial, pero ¿qué sucede si el guardador de hecho precisa llevar a cabo alguna actuación representativa?

El artículo 264 del Código Civil nos dice que:

> «Cuando, excepcionalmente, se requiera la actuación representativa del guardador de hecho, este habrá de obtener la autorización para realizarla a través del correspondiente expediente de jurisdicción voluntaria, en el que se oirá a la persona con discapacidad.
>
> La autorización judicial para actuar como representante se podrá conceder, previa comprobación de su necesidad, en los términos y con los requisitos adecuados a las circunstancias del caso.
>
> La autorización podrá comprender uno o varios actos necesarios para el desarrollo de la función de apoyo y deberá ser ejercitada de conformidad con la voluntad, deseos y preferencias de la persona con discapacidad.
>
> En todo caso, quien ejerza la guarda de hecho deberá recabar autorización judicial conforme a lo indicado en el párrafo anterior para prestar consentimiento en los actos enumerados en el artículo 287.
>
> No será necesaria autorización judicial cuando el guardador solicite una prestación económica a favor de la persona con discapacidad, siempre que esta no suponga un cambio significativo en la forma de vida de la persona, o realice actos jurídicos sobre bienes de esta que tengan escasa relevancia económica y carezcan de especial significado personal o familiar.
>
> La autoridad judicial podrá acordar el nombramiento de un defensor judicial para aquellos asuntos que por su naturaleza lo exijan».

Pues bien; una actuación de carácter representativo que se le podría presentar al guardador de hecho sería decidir el ingreso (antes internamiento) de la persona con discapacidad, siendo un acto de trascendencia personal y familiar según lo dispuesto en el ordinal primero del artículo 287 del

Código Civil (actos del curador con carácter representativo que precisan de autorización judicial).

El Auto del Juzgado de Primera Instancia Número Dos de Tafalla 48/2022 de fecha 4 de marzo[61] analiza este supuesto, considerando que el ingreso en un centro residencial es un acto de suficiente trascendencia personal y familiar porque «supone la determinación del domicilio de la persona con discapacidad, que, además, puede implicar, no cabe duda, una limitación de su facultad deambulatoria, por cuanto queda bajo los cuidados y atención de cuantos profesionales atienden el centro». Por ello, considera que el guardador de hecho precisa de autorización judicial para poder llevar a cabo esta actuación de carácter representativo.

Por último, tal y como nos dicen las conclusiones alcanzadas en las *Jornadas de Fiscales Especialistas de las Secciones de Atención a Personas con Discapacidad y Mayores* celebradas en Madrid los días 27 y 28 de septiembre de 2021, la guarda de hecho también puede ser pública o privada, y coexistir con la guarda de hecho de algún familiar o allegado, lo cual sucedería en los supuestos en los que la persona con discapacidad se encuentre ingresada en un centro residencial, asumiendo la dirección del centro la asistencia de esa persona, y su familiar de contacto la guarda de esa persona.

En tales casos debemos recordar la prohibición que establece el último apartado del artículo 250 del CC («no podrán ejercer ninguna de las medidas de apoyo quienes, en virtud de una relación contractual, presten servicios asistenciales, residenciales o de naturaleza análoga a la persona que precisa el apoyo»), razón por la que se tendrá que prestar especial atención a los expedientes relativos a personas internadas en centros residenciales, para garantizar que las mismas tengan reconocido un guardador de hecho al margen de la dirección del centro.

Ello, sin embargo, plantea una importante cuestión, y es la relativa a aquellas personas con discapacidad que carecen de familiares que les asistan y precisan ser ingresadas en centros residenciales, en cuyo caso, la guarda de hecho la ejerce exclusivamente la dirección del centro en el que se hayan ingresadas.

---

61 Juzgado de Primera Instancia e Instrucción N.° 2 de Tafalla, Auto 48/2022 de 4 mar. 2022, Rec. 90/2022, La Ley 73742/2022.

Realizando una interpretación estricta del último apartado del artículo 250 anteriormente transcrito, podemos concluir que en tales casos sí podría admitirse una guarda de hecho institucional, pues la persona carece de «relación contractual directa» con el centro, siendo lo habitual que estas personas ingresen por decisión de los servicios sociales competentes.

Pero no deja de ser una interpretación taxativa que, quizás, tergiversa el sentido del precepto, que es evitar conflictos de intereses en la asistencia del guardado.

# VIII.

# MEDIDA DE APOYO JUDICIAL OCASIONAL. EL DEFENSOR JUDICIAL

El artículo 295 del Código Civil establece que se nombrará un defensor judicial de las personas con discapacidad en los siguientes supuestos:

> «1.º Cuando, por cualquier causa, quien haya de prestar apoyo no pueda hacerlo, hasta que cese la causa determinante o se designe a otra persona.
>
> 2.º Cuando exista conflicto de intereses entre la persona con discapacidad y la que haya de prestarle apoyo.
>
> 3.º Cuando, durante la tramitación de la excusa alegada por el curador, la autoridad judicial lo considere necesario.
>
> 4.º Cuando se hubiere promovido la provisión de medidas judiciales de apoyo a la persona con discapacidad y la autoridad judicial considere necesario proveer a la administración de los bienes hasta que recaiga resolución judicial.
>
> 5.º Cuando la persona con discapacidad requiera el establecimiento de medidas de apoyo de carácter ocasional, aunque sea recurrente».

Hasta la entrada en vigor de la reforma, la figura del defensor judicial entraba en juego en aquellos procesos en los que el Ministerio Fiscal no podía hacerse cargo de la defensa de los intereses de la persona con discapacidad por ser la parte demandante, nombrándose como defensor, bien a un pariente o allegado de la persona con discapacidad, bien a una entidad pública.

Tras la reforma nos encontramos con una figura jurídica que va a cumplir dos papeles muy diferenciados:

a) el defensor judicial como complemento de la capacidad procesal y que está regulado en los arts. 6, 7 y 8 de la Ley de Enjuiciamiento Civil, designado por el letrado de la Administración de Justicia, y que asistirá a la persona con discapacidad en juicio o cuando se suscite conflicto de intereses con el curador.

b) el defensor judicial como medida especifica de apoyo contemplada en los artículos 295. 4 y 5 del Código Civil, en relación con el art. 250, nombrado por la autoridad judicial para los supuestos previamente citados.

Como nos informa BELLIDO GÓNZALEZ DEL CAMPO[62], el recurso que plantea esta figura permite a una persona mayor de edad, no necesitada de apoyo continuo, efectuar determinados negocios jurídicos sin el establecimiento de un apoyo permanente y estable como la curatela.

En el mismo sentido, PALLARÉS NEILA[63] reflexiona que «el supuesto normativo determinante de una defensa judicial es que la persona con discapacidad preciso de apoyo "de forma ocasional, aunque sea recurrente", mientras que el de la curatela es que precisen el apoyo "de modo continuado"».

Como hemos visto, también es posible el nombramiento de defensor judicial cuando la persona designada para prestar apoyo no pueda hacerlo por hallarse impedida o por tener un conflicto de intereses con la persona con discapacidad; sin embargo, si el apoyo se ha encomendado a más de una persona, no será preciso nombrar defensor judicial, pues la otra podrá ejercer sus funciones, salvo que ninguna pueda actuar o la autoridad judicial motivadamente considere necesario el nombramiento (art. 296 CC).

En cualquier caso, una vez nombrado actuará como un curador para el supuesto concreto de apoyo que debe cum-

62 BELLIDO GONZÁLEZ DEL CAMPO, Carlos: «La reforma del defensor judicial en La Ley 8/2021», *Diario La Ley* n.º 10044.

63 PALLARÉS NEILA, Javier: «La revisión de las sentencias dictadas en el nuevo procedimiento de provisión de apoyos», *Revista de Derecho Civil*, Vol. 5, núm. 3 (julio – septiembre 2018).

plir, teniendo la obligación de conocer y respetar la voluntad, deseos y preferencias de la persona a la que se preste apoyo, y siéndoles aplicables las causas de inhabilidad, excusa y remoción.

Los artículos 93 y 94 de la Ley de Jurisdicción Voluntaria (LJV) prevén el procedimiento a seguir para obtener autorización judicial, entre otros, los defensores judiciales cuyo nombramiento no alcanza el acto representativo concreto que se pretende llevar a cabo. Así, podemos encontrarnos supuestos de defensores judiciales autorizados judicialmente para administrar los bienes de la persona con discapacidad mientras se tramita el procedimiento para la provisión de apoyos (artículo 295.4.° del CC), pero cuyo nombramiento no alcanza a poder repudiar o aceptar a beneficio de inventario una herencia a las que ha sido llamada la persona con discapacidad, en cuyo caso, según el artículo 94 de la LJV, deberá promover el procedimiento previsto para obtener autorización judicial para llevar a cabo este acto jurídico de carácter representativo.

Podemos concluir que se trata de una figura pensada para aquellos casos en los que las personas con discapacidad carecen de guardador de hecho que los asista y precisan de asistencia para actos muy concretos de la vida diaria, pues en el caso de existir guardador de hecho será éste quien asista al guardado y quien acuda al tribunal competente a solicitar autorización judicial para cualquiera de los supuestos del 287 del CC.

Pensemos, pues, en supuestos en los que la persona tenga un apoyo informal como es un guardador de hecho, quien descubre que guardado ha llevado a cabo actos jurídicos que ponen en peligro su patrimonio; en tal supuesto, será el guardador de hecho quien solicite autorización judicial para entablar demanda para impugnar tales actos.

Pero si esa persona carece de asistencia de cualquier tipo, entonces sí entraría en juego la figura del defensor judicial.

# IX.

# MEDIDA DE APOYO JUDICIAL CONTINUADO. LA CURATELA

Con carácter previo a la reforma, en el ámbito judicial se consideraba la curatela como una institución «secundaria», solo aplicable en aquellos supuestos en los que las personas con discapacidad no precisaran de «sustitución» en su capacidad, sino solo de «complemento» en su capacidad.

El tutor representaba a la persona con discapacidad y tomaba decisiones por él, mientras que el curador asistía a la persona con discapacidad, y le complementaba en su voluntad. En la práctica, el nombramiento de tutores iba encaminado a representar la voluntad de aquellas personas que carecían de discernimiento alguno y eran privadas de total capacidad jurídica (personas con discapacidades psíquicas que les restringían por completo sus facultades intelectivas y volitivas), mientras que los curadores se nombraban para aquellas personas privadas de capacidad parcialmente, esto es, en un determinado campo de su vida (por ejemplo, patrimonial —pródigos—, sanitario —esquizofrenias—, asistencial —diógenes—, etc.).

En la actualidad, se ha eliminado la figura de la tutela para los mayores de edad, al considerarse por la reforma que se trataba de una figura «demasiado rígida y poco adaptada al sistema de promoción de la autonomía de las personas adultas con discapacidad que ahora se propone»[64], y se ha dejado la curatela como una figura «subsidiaria», esto es, excepcional y solo aplicable en defecto de medidas voluntarias o de guarda de hecho.

64 Exposición de Motivos de la Ley 8/2021, de 3 de septiembre.

Además, se ha creado la doble vertiente de curatela representativa y curatela asistencial, que, al fin y al cabo, vienen a ser en la práctica los equivalentes de «tutela-curatela» anteriores a la reforma, con la especialidad de que la curatela representativa, según la ley, solo se nombrará como apoyo «en los casos excepcionales en los que resulte imprescindible por las circunstancias de la persona con discapacidad».

A pesar de que la reforma trata de revestir esta curatela representativa con el carácter de *última ratio*, en la práctica, nos encontramos con que la mayoría de los supuestos que acuden a los juzgados son personas con discapacidad que requieren de representación por sus circunstancias excepcionales (ancianos con estados avanzados de alzhéimer, personas con algún deterioro cognitivo severo, crónico e incurable, etc), pues las personas que requieren de simple asistencia (discapacidades psíquicas que solo afectan a determinados aspectos del discernimiento) son atendidas por su núcleo familiar sin necesidad de resolución judicial expresa, y exclusivamente en los casos en los que se les requiera un nombramiento judicial (en la mayoría de los casos, para actos jurídicos patrimoniales con entidades bancarias y notarías), deciden acudir a los juzgados.

El artículo 249 del Código Civil marca las bases para el desempeño de la curatela representativa, diciéndonos que en estos casos excepcionales «cuando, pese a haberse hecho un esfuerzo considerable, no sea posible determinar la voluntad, deseos y preferencias de la persona, las medidas de apoyo podrán incluir funciones representativas. En este caso, en el ejercicio de esas funciones se deberá tener en cuenta la trayectoria vital de la persona con discapacidad, sus creencias y valores, así como los factores que ella hubiera tomado en consideración, con el fin de tomar la decisión que habría adoptado la persona en caso de no requerir representación».

Tras la lectura de este precepto la pregunta es obligada: pero, ¿todos los curadores conocen «la trayectoria vital» de sus representados? La respuesta es no, pues cuando no existen familiares cercanos que puedan asistir/representar a la persona con discapacidad, se debe acudir a instituciones públicas o privadas que ejerzan el cargo bajo la fe ciega de que lo harán de la mejor manera posible.

A diferencia de los que sucedía en las mal llamadas «sentencias de incapacitación», en las que la representación se solía conceder con alcance general, en la actualidad, cuando se designa judicialmente un curador (ya sea asistencial o representativo), es preciso determinar cada uno de los actos para los que será preciso dicho apoyo (autocuidado —higiene, alimentación, descanso—; salud —seguimiento de tratamientos médicos, decisiones sanitarias relevantes, intervenciones quirúrgicas—; gestiones administrativas —tramitación documentación tendente a la identificación, censo, etc, estudios—; patrimonial —administración, disposición de dinero «de bolsillo», disposición de grandes cantidades, actos jurídicos contractuales, gestiones burocráticas—; etc.).

Por lo tanto, según el apartado segundo del artículo 269 del CC, la resolución judicial que establezca la curatela asistencial «determinará los actos para los que la persona requiere asistencia del curador en el ejercicio de su capacidad jurídica atendiendo a sus concretas necesidades de apoyo»; y, en el mismo sentido, cuando prevea una curatela representativa, el apartado cuarto del mismo precepto nos dice que «los actos en los que el curador deba prestar el apoyo deberán fijarse de manera precisa, indicando, en su caso, cuáles son aquellos donde debe ejercer la representación».

En esta línea, resulta llamativa la pormenorización de actos para los que se nombra curador representativo que hace la Sentencia de la Sección Cuarta de la Audiencia Provincial de Palma de Mallorca de fecha 15 de octubre 2021[65]: «Personales: autocuidado (aseo personal, vestirse, comer, desplazamientos) e instrumentales cotidianos (comprar, preparar la comida, limpiar la casa, respuesta ante la necesidad de ayuda). Salud: manejo de los medicamentos, citas médicas, reconocimientos médicos, seguimiento de pautas alimentarias, y autocuidado (cuidado de las heridas, úlceras, etc.), consentimiento de tratamiento médico, rehabilitación, pruebas diagnósticas, intervenciones quirúrgicas e ingreso residencial. Patrimonial: conocimiento de su situación económica; capacidad para el manejo diario de dinero de bolsillo (gastos de uso cotidiano de carácter menor); capacidad de tomar decisiones de contenido económico (seguimiento efectivo de sus cuentas corrientes, de sus ingresos, gastos, etc.); capacidad para operar con cajas de ahorro y ban-

65 AUDIENCIA PROVINCIAL DE PALMA DE MALLORCA, Sentencia de la Sección Cuarta, de fecha 15 octubre 2021.

cos (incluso entidades extranjeras), abrir, seguir y cancelar cuentas y tarjetas corrientes y de crédito; ingresar y retirar cantidades en metálico, obtener saldos, firmar y suscribir cheques, pagarés, resguardados y cuantos documentos se precisen para los fines mencionados, tanto presencial como telemáticamente; realizar cualquier tipo de operaciones del tráfico bancario; capacidad para la contratación, rescisión y rescate de seguros de vida, salud, hogar, vehículos, fondos de pensiones, acciones, fondos de inversión, etc.; capacidad para otorgar poderes a favor de terceros; capacidad para conocer el alcance de préstamo, donaciones, cualesquiera actos de disposición patrimonial; y capacidad para la contratación y/o realización de declaraciones fiscales y tributarias».

Con su simple lectura comprobamos que, aunque la tutela haya quedado defenestrada del ámbito de la capacidad, con que la curatela representativa ejerce perfectamente su papel.

Pero si durante toda la reforma se considera que la curatela deberá ser ejercida de acuerdo con la voluntad, deseos y preferencias de la persona con discapacidad, ¿qué sucede si durante la entrevista con la comisión judicial ésta se niega a ser asistido?

La Sentencia del Tribunal Supremo 589/2021, de fecha 8 de septiembre, analiza el caso de una persona con síndrome de Diógenes que se niega a ser asistido, pero que no solo crea un problema para su propio desarrollo (higiene, salud, alimentación, etc.), sino un problema para sus vecinos. En tal caso, nuestro Alto Tribunal realiza una excelente interpretación del verbo atender usado por el artículo 268 del Código Civil:

> «La propia ley da respuesta a esta cuestión. Al regular como procedimiento común para la provisión judicial de apoyos un expediente de jurisdicción voluntaria (arts. 42 bis a], 42bis b] y 42 bis c] LJV), dispone que cuando, tras la comparecencia del fiscal, la persona con discapacidad y su cónyuge y parientes más próximos, surja oposición sobre la medida de apoyo, se ponga fin al expediente y haya que acudir a un procedimiento contradictorio, un juicio verbal especial (art. 42 bis b]. 5 LJV). Es muy significativo que «la oposición de la persona con discapacidad a cualquier tipo de apoyo», además de provocar la terminación del expediente, no impida que las medidas puedan ser solicitadas por un juicio contradictorio, lo que

presupone que ese juicio pueda concluir con la adopción de las medidas, aun en contra de la voluntad del interesado. En realidad, el art. 268 CC lo que prescribe es que en la provisión de apoyos judiciales hay que atender en todo caso a la voluntad, deseos y preferencias del afectado. El empleo del verbo «atender», seguido de «en todo caso», subraya que el juzgado no puede dejar de recabar y tener en cuenta (siempre y en la medida que sea posible) la voluntad de la persona con discapacidad destinataria de los apoyos, así como sus deseos y preferencias, pero no determina que haya que seguir siempre el dictado de la voluntad, deseos y preferencias manifestados por el afectado. El texto legal emplea un término polisémico que comprende, en lo que ahora interesa, un doble significado, el de «tener en cuenta o en consideración algo» y no solo el de «satisfacer un deseo, ruego o mandato». Si bien, ordinariamente, atender al querer y parecer del interesado supone dar cumplimiento a él, en algún caso, como ocurre en el que es objeto de recurso, puede que no sea así, si existe una causa que lo justifique. El tribunal es consciente de que no cabe precisar de antemano en qué casos estará justificado, pues hay que atender a las singularidades de cada caso. Y el presente, objeto de recurso, es muy significativo, pues la voluntad contraria del interesado, como ocurre con frecuencia en algunos trastornos psíquicos y mentales, es consecuencia del propio trastorno que lleva asociado la falta de conciencia de enfermedad. En casos como el presente, en que existe una clara necesidad asistencial cuya ausencia está provocando un grave deterioro personal, una degradación que le impide el ejercicio de sus derechos y las necesarias relaciones con las personas de su entorno, principalmente sus vecinos, está justificada la adopción de las medidas asistenciales (proporcionadas a las necesidades y respetando la máxima autonomía de la persona), aun en contra de la voluntad del interesado, porque se entiende que el trastorno que provoca la situación de necesidad impide que esa persona tenga una conciencia clara de su situación. El trastorno no solo le provoca esa situación clara y objetivamente degradante, como persona, sino que además le impide advertir su carácter patológico y la necesidad de ayuda. No intervenir en estos casos, bajo la excusa del respeto a la voluntad manifestada en contra de la persona afectada, sería una crueldad social, abandonar a su desgracia a quien por efecto directo de un trastorno (mental) no es consciente del proceso de degradación personal que sufre. En el fondo, la provisión del apoyo en estos casos encierra un juicio o valoración de que si esta persona no estuviera afectada por este trastorno patológico, estaría de acuerdo en evitar o paliar esa degradación personal».

Respecto a las personas que pueden ejercer el cargo de curador, volvemos a lo ya mencionado al analizar la figura de la autocuratela para subrayar el poder concedido a las personas con discapacidad para decidir quién pueda asistirlos. Empero, «la autoridad judicial podrá prescindir total o parcialmente de esas disposiciones voluntarias, de oficio o a instancia de las personas llamadas por ley a ejercer la curatela o del Ministerio Fiscal y, siempre mediante resolución motivada, si existen circunstancias graves desconocidas por la persona que las estableció o alteración de las causas expresadas por ella o que presumiblemente tuvo en cuenta en sus disposiciones» (art. 272, párrafo segundo), siendo ejemplos de ello las Sentencia del Tribunal Supremo 706/2021 (ya mencionada en páginas anteriores) y 734/2021.

Así, el Tribunal Supremo en su Sentencia 734/2021, de fecha 2 de noviembre, considera que debe prevalecer la voluntad de la persona con discapacidad a pesar de que el curador designado no se ha desempeñado correctamente en la gestión del arrendamiento de un inmueble de la persona con discapacidad, concluyendo que no estamos ante circunstancia grave que nos permita prescindir de la voluntad expresada notarialmente.

Por último, el artículo 270 nos habla de las medidas de control de la curatela que pueden establecer las resoluciones judiciales para garantizar el respeto de los deseos, voluntad y preferencias de la persona con discapacidad que precise de apoyo, así como para evitar abusos, conflictos de intereses e influencias indebidas. En tal sentido, la Sentencia de la Sección Sexta de la Audiencia Provincial de Pontevedra 183/2022, de fecha 28 de abril[66], revoca una Sentencia del Juzgado de Primera Instancia número Quince de Vigo por considerar que el plazo de revisión máximo de seis años

66 Audiencia Provincial de Pontevedra, Sección 6.ª, Sentencia 183/2022 de 28 abr. 2022, Rec. 1118/2021, La Ley 127766/2022.

resulta excesivo para una curatela representativa de una persona con 85 años de edad, por lo que es preciso fijar como medidas de control adicional la rendición de cuentas y personal con carácter anual.

En la misma línea se pronuncia la Sentencia de la Sección Primera de la Audiencia Provincial de Lugo 444/2022, de fecha 20 de junio[67], mientras que la Sentencia de la Sección Segunda de la Audiencia Provincial de Cantabria 375/2021, de 23 de septiembre[68], y la Sentencia de la Sección Novena de la Audiencia Provincial de Alicante 506/2021[69], entre otras muchas, añade la obligación de hacer inventario dentro del plazo de sesenta días a partir del siguiente de su toma de posesión.

67 Audiencia Provincial de Lugo, Sección 1.ª, Sentencia 444/2022 de 20 jun. 2022, Rec. 431/2022, La Ley 196395/2022.

68 Audiencia Provincial de Cantabria, Sección 2.ª, Sentencia 375/2021 de 23 sep. 2021, Rec. 166/2021, La Ley 163594/2021.

69 Audiencia Provincial de Alicante, Sección 9.ª, Sentencia 506/2021 de 22 nov. 2021, Rec. 122/2021, La Ley 315660/2021.

# X.
# NOVEDADES PROCESALES

En lo que respecta a las modificaciones que la Ley 8/2021 lleva a cabo sobre las leyes procesales para facilitar su correcta aplicación, y que suponen cambios en el procedimiento hasta ahora seguido, debemos destacar las siguientes:

- Se introduce el artículo 7 bis relativo a «ajustes para personas con discapacidad», de forma que en los procesos en los que participen estas personas se realizarán las adaptaciones precisas para garantizar su participación en condiciones de igualdad, ya sea a petición de ellas mismas, de cualquiera de las partes, del Ministerio Fiscal, o por decisión del propio tribunal. Así pues, «las comunicaciones, orales o escritas, a personas con discapacidad se harán en un lenguaje claro, sencillo y accesible, ..., se podrá hacer uso de medios como la lectura fácil, ..., se facilitarán medios de apoyo a las personas sordas, a las que tengan discapacidad auditiva y a las sordociegas, (...), se permite la participación de profesionales expertos, (...) y la persona con discapacidad podrá, a su elección, estar acompañada por una persona de su entorno desde el primer contacto con autoridades y funcionarios».
- El procedimiento para la adopción de medidas de apoyo será el expediente de jurisdicción voluntaria regulado en los artículos 42 ss de la Ley de Jurisdicción Voluntaria (LJV). Dicho expediente podrá ser iniciado tanto por la propia persona con discapacidad, como por sus familiares y el Ministerio Fiscal.

- La persona con discapacidad podrá actuar con su propia defensa o representación; en su defecto, se le nombrará un defensor judicial, quien actuará por medio de abogado y procurador.
- El letrado de la Administración de Justicia convocará a las partes a una comparecencia en la que se practicará la prueba que se decida de oficio o a instancia de parte, se dará audiencia a los familiares, y se practicará entrevista con la persona con discapacidad. Con carácter previo a la comparecencia, el Juez podrá obtener un dictamen pericial sobre las necesidades de la persona con discapacidad.
- Si en la entrevista la persona con discapacidad desea acogerse a medidas alternativas de apoyo (no judiciales) o se opone a cualquier tipo de apoyo, el expediente finaliza, sin perjuicio de que se puedan adoptar medidas cautelares sobre su persona o patrimonio que tendrá una duración máxima de treinta días si no se interpone demanda de provisión de apoyos en juicio contencioso en ese plazo.
- No es oposición la mera discusión sobre la persona que podría ejercer el cargo de curador.
- Una vez finalizado el expediente de jurisdicción voluntaria, cualquier de las personas legitimadas (el Ministerio Fiscal, familiares o la persona con discapacidad) podrá presentar demanda para la provisión de apoyos, la cual se tramitará conforme a la regulación del juicio verbal.
- Si el procedimiento contencioso no se ha iniciado a instancias de la propia persona con discapacidad, la misma podrá personarse en juicio y contestar a la demanda con abogado y procurador; para el caso de que no conteste a la demanda, se le nombrará un defensor judicial (que será el Ministerio Fiscal en aquellos procesos en los que no sea el promotor), al que se le concederá nuevo plazo para contestar a la demanda, en su caso.
- Se sustituye el anterior «examen» por una entrevista que llevará a cabo el juez con la persona con discapacidad, y se permite prescindir excepcionalmente de la audiencia a los familiares si así lo solicitare la persona con discapacidad en los procesos promovidos por ella. Este examen se «ordenará de oficio» en la segunda instancia si la sentencia fuera apelada.

- Se establece que las sentencias que fijen medidas de apoyo tienen efectos de cosa juzgada frente a todos a partir de su inscripción o anotación en el Registro Civil (artículo 222.3 LEC). El letrado de la Administración de Justicia comunicará de oficio las sentencias y demás resoluciones que se dicten a los registros civiles, y solo a instancia de parte, a cualquier otro Registro público, salvo que se hayan acordado medidas de apoyo, en cuyo caso solo se comunicará a petición de la persona en favor de la cual el apoyo se ha constituido (artículo 755 LEC).
- Las revisiones de las resoluciones judiciales que regulen medidas de apoyo a personas con discapacidad serán revisadas de oficio o a instancias de parte, iniciándose un expediente de jurisdicción voluntaria.
- En dicho expediente de revisión se llevará a cabo una nueva entrevista con la persona con discapacidad y se recabarán los dictámenes que se consideren procedentes.
- Del resultado de estas actuaciones se dará traslado para alegaciones por diez días a la persona con discapacidad, a la persona que ejerce el apoyo revisado, al Ministerio Fiscal y a los familiares personados. Si se mostrara oposición por cualquiera de los mencionados, se pondrá fin al expediente.
- Una vez finalizado el expediente de jurisdicción voluntaria para la revisión de las medidas de apoyo acordadas, se podrá presentar demanda de juicio contencioso para la revisión de las medidas por cualquiera de las personas legitimadas.

# XI.
# DERECHO TRANSITORIO

La Disposición transitoria 2.ª de la Ley 8/2021 prevé que los tutores, curadores (con excepción de los curadores de los declarados pródigos) y defensores judiciales nombrados conforme al régimen legal anterior «ejercerán su cargo conforme a las disposiciones de esta Ley a partir de su entrada en vigor», aplicándose a los tutores de las personas con discapacidad las normas establecidas para los curadores representativos.

Quienes ostenten la patria potestad prorrogada o rehabilitada, así como los curadores de los declarados pródigos (instituciones todas ellas derogadas), continuarán ejerciendo el cargo conforme a la legislación anterior hasta la revisión de la sentencia según lo dispuesto en la Disposición transitoria 5.ª.

Así pues, la Disposición transitoria 5.ª contempla dos tipos de revisión de las medidas acordadas con anterioridad de la entrada en vigor de la Ley:

- De un lado, las que pueden solicitar «en cualquier momento» las personas con capacidad modificada judicialmente, los declarados pródigos, los progenitores que ostente la patria potestad prorrogada o rehabilitada, los tutores, los curadores, los defensores judiciales y los apoderados preventivos, con la finalidad de adaptar estas medidas a la nueva legislación. Estas revisiones deberán producirse en el plazo máximo de un año desde su solicitud;
- Por otro lado, las revisiones, de oficio o a instancia del Ministerio Fiscal, que deberán tener lugar, cuando no haya existido tal solicitud, «en un plazo máximo de tres años».

Respecto de los procesos que ya estuvieran en tramitación a la entrada en vigor de la Ley 8/2021, la Disposición transitoria 6.ª declara que «se regirán por lo dispuesto en ella, especialmente en lo que se refiere al contenido de la sentencia, conservando en todo caso su validez las actuaciones que se hubieran practicado hasta ese momento».

Debemos tener clara la distinción entre las revisiones de medidas de apoyo acordadas conforme a la nueva legislación, las cuales pueden pedirse o acordarse de oficio sin sujeción a margen temporal alguno, y las revisiones de medidas acordadas conforme a la legislación anterior, en cuyo caso deben tramitarse de oficio en el plazo máximo de tres años desde la entrada en vigor de la Ley 8/2021, sin perjuicio de su revisión en un año por petición de persona interesada.

# XII. CONCLUSIONES

Tras haber llevado a cabo una exposición lo más exhaustiva, gráfica y práctica posible de los cambios sustantivas y procesales que conlleva la reforma, debo hacer unas breves conclusiones sobre mi parecer al respecto.

Por un lado, la reforma era necesaria para, de una vez, implementar en nuestro ordenamiento jurídico la Convención de Nueva York de 2006, y así garantizar el respeto al derecho fundamental a la igualdad de condiciones cuando de personas con discapacidad se trata.

Efectivamente, con la reforma se pretenden eliminar restricciones a las facultades procesales de las personas con discapacidad, para así dejar de ser meros espectadores y pasar a ser sujetos activos en un proceso que afecta directamente a su capacidad. Ahora, esa chica con síndrome de Down que llamó mi atención por querer estudiar en contra de la decisión de sus padres, podría haber sido protegida con una guarda de hecho, o podría habérsele nombrado un curador para asistir en actos exclusivamente económicos, por ejemplo, dejándole total libertad en el resto de campos de su vida para poder desarrollar su personalidad.

Si bien con la nueva normativa se ha conseguido introducir de forma óptima distintos grados de protección según las diferentes necesidades personales y familiares que pueda albergar la persona con discapacidad, considero que existen dos graves obstáculos:

- Por un lado, se precisa de una extendida y urgente formación de las entidades públicas y privadas para que las diversas figuras de apoyos no judiciales puedan actuar eficazmente. Es el caso, por ejemplo, de la eficacia de la guarda de hecho, supeditada a que sea reconocida por el resto de agentes jurídicos sin necesidad de que exista resolución judicial de nombramiento.

- Por otro lado, la intención de que los procesos para la provisión de apoyos tengan tramitación preferente choca con la alta probabilidad estadística de que la persona con discapacidad que acude a un juzgado muestre su oposición en la entrevista, simplemente, por tener sus facultades intelectivas mermadas, lo que dilatará el proceso al convertirlo en contencioso, y, por tanto, frustrará la celeridad pretendida.

Por último, desde mi punto de vista personal, debo decir que lo que más llamó mi atención como Profesora de Derecho Civil fue la eliminación de nuestro ordenamiento jurídico del concepto «capacidad de obrar» con la finalidad de adaptarlo al concepto de «capacidad jurídica» usado por la Convención de Nueva York, entendiendo así que todas las personas (incluidas las personas con discapacidad) somos titulares de capacidad jurídica en el amplio sentido de ser titular de derechos y obligaciones y tener legitimación para ejercerlos.

Por mucho que razoné y estudié al respecto, concluyo que esta reforma concreta roza más razones éticas que jurídicas, pues no podemos olvidarnos, por muy políticamente correctos que queramos ser, que las personas con discapacidad no tienen el mismo grado de discernimiento para regir sus relaciones jurídicas que las personas con plena capacidad, y es preciso ser muy cauteloso en aras de la seguridad jurídica y de la protección de terceros. Es inevitable ver que la capacidad jurídica de una persona asistida por un curador en todo lo relativo a su patrimonio, es distinta que la de una persona que no precisa de este tipo de medidas tuitivas, y esta distinción debería seguir siendo merecedora de conceptos jurídicos diferentes.

En cualquier caso, ha transcurrido tan solo un año desde la entrada en vigor de la reforma, y los resultados nos muestran una alta satisfacción en cuanto al respeto de los deseos y voluntad de las personas con discapacidad, y la existencia de un gran abanico de apoyos a los que acudir sin necesidad de tener que ser representado por un tutor que elimine el desarrollo de la personalidad, considerando que esa chica, ahora, se vería más protegida.

# BIBLIOGRAFÍA

**Bellido González del Campo, Carlos**: «La reforma del defensor judicial en La Ley 8/2021», *Diario La Ley* n.º 10044.

**Bellido González del Campo, Carlos**, «Una aproximación a la nueva figura de la autocuratela», *Diario La Ley*, n.º 10080, Sección Tribuna, 1 de junio de 2022.

**Calaza López, Sonia**, «La justicia civil indisponible en la encrucijada: la asincronía entre la reforma sustantiva y procesal en la provisión de apoyos a las personas con discapacidad», *Diario La Ley*, núm. 9939. octubre 2021. Sección Novedad Editorial.

**Consejo General del Poder Judicial**: *Grupo de trabajo sobre el nuevo sistema de provisión judicial de apoyos a personas con discapacidad*, 2022.

**García Pons, Antonio**, «El artículo 12 de la Convención de Nueva York de 2006 sobre los derechos de las personas con discapacidad y su impacto en el derecho civil de los estados signatarios», *Anuario de derecho civil*, ISSN 0210-301X, Vol. 66, n.º 1, 2013.

**García Rubio** y **Segarra Crespo**: «Diálogos para el futuro judicial XXXVI. La Ley 8/2021, de 2 de junio (LA LEY 12480/2021), y la reforma de la capacidad civil», *Diario La Ley*, n.º 9980 (2021).

**Gómez-Linacero Corraliza, Adrián**, «Análisis crítico de los fundamentos de la Ley 8/2021, de 2 de junio, en materia de discapacidad», *Diario La Ley*, n.º 10006, Sección Tribuna, 9 de febrero de 2022.

**FERNÁNDEZ DE BUJÁN, Antonio**, «La Ley 8/2021, para el apoyo a las personas con discapacidad en el ejercicio de su capacidad jurídica: un nuevo paradigma de la discapacidad (1)», *Diario La Ley*, n.º 9961, Sección Tribuna, 26 de noviembre de 2021, *Wolters Kluwer*, LA LEY 12161/2021.

**FISCALÍA PROVINCIAL DE SEVILLA**, Sección Provisión de Apoyos a Personas con Discapacidad, *Cuestiones Generales al respecto de la Ley 8/2021*.

**FISCALES ESPECIALISTAS DE LAS SECCIONES DE ATENCIÓN A PERSONAS CON DISCAPACIDAD Y MAYORES**: Conclusiones alcanzadas en las Jornadas celebradas en Madrid los días 27 y 28 de septiembre de 2.021.

**LÓPEZ SAN LUIS, R.** «El principio de respeto a la voluntad de la persona con discapacidad en la Convención de Nueva York (2006), y su reflejo en el anteproyecto de ley por la que se reforma la legislación civil y procesal en materia de discapacidad», *Indret*, número 2, 2020.

**ORTIZ TEJONERO, Macarena**: «La guarda de hecho tras la entrada en vigor de la Ley 8/2021», *Diario La Ley*, n.º 10053.

**PALLARÉS NEILA, Javier**: «Tutela versus Curatela», *Diario La Ley* 659/2016.

**PALLARÉS NEILA, Javier**: «La revisión de las sentencias dictadas en el nuevo procedimiento de provisión de apoyos», *Revista de Derecho Civil*, vol. V, núm. 3 (julio-septiembre, 2018), Estudios.

**PRADOS GARCÍA, Celia**: «Negativa de un banco a reconocer la condición de guardador de hecho. Comentario al Auto 8/2022 del Juzgado de Primera Instancia Número 3 de Córdoba, de 11 de enero de 2.022», *Diario La Ley*, n.º 10018.

**RUIZ RUIZ, Juan José**: «Protección jurídica de las personas con discapacidad. Cuestiones actuales».

**VIVAS TESÓN, Inmaculada**: *Más allá de la capacidad de entender y querer ... Un análisis de la figura italiana de la administración de apoyo y una propuesta de reforma del sistema tuitivo Español*, FUTUEX: Fundación para la promoción y apoyo a las personas con discapacidad, 2012.

# APÉNDICE NORMATIVO

- Carta de los Derechos Fundamentales de la Unión Europea proclamada el 7 de diciembre de 2000.
- Conferencia Mundial de Derechos Humanos celebrada en Viena entre los días 14 a 25 de junio de 1993.
- Convenio Europeo de Derechos Humanos firmado en Roma el 4 de noviembre de 1950.
- International Classification of Impairment Disabilities and Handicaps (ICIDH) como apéndice del International Classification of Diseases (ICD).
- Ley 8/2021, de 2 de junio, por la que se reforma la legislación civil y procesal para el apoyo a las personas con discapacidad en el ejercicio de su capacidad jurídica.
- Ley 62/2003, de 30 de diciembre, de medidas fiscales, administrativas y de orden social.
- Ley 51/2003, de 2 de diciembre, de igualdad de oportunidades, no discriminación y accesibilidad universal de las personas con discapacidad.
- Ley 39/2006, de 14 de diciembre, de Promoción de la Autonomía Personal y Atención a las personas en situación de dependencia.
- Ley 26/2011, de 1 de agosto, de adaptación normativa a la Convención Internacional sobre los Derechos de las personas con Discapacidad.
- Ley 20/2011, de 21 de julio, de Registro Civil.
- Ley 25/2010, de 29 de julio, del Libro Segundo del Código Civil de Cataluña, relativo a la Persona y a la Familia.
- LO 1/2015, de 30 de marzo, de reforma del Código Penal.
- Ley dictada en Reino Unido el 4 de noviembre de 1983 sobre Salud Mental *(Mental Health Act 1983)*.

- Ley dictada en Reino Unido el 26 de junio de 1985 sobre poderes durareros *(Enduring Powers of Attorney Act 1985)*.
- Ley de Igualdad dictada en Reino Unido en 2010 *(Equality Act1 2010)*.
- Ley por la igualdad de derechos y oportunidades, participación y ciudadanía de las personas con discapacidad, dictada en Francia el 11 de febrero de 2005 *(Loi 2005-102)*.
- Ley dictada en Francia el 3 de enero de 1968, que reformó su Código Civil *(Loi 68-5)*.
- Ley por la que se reforma la normativa sobre protección de mayores dictada en Francia el 5 de marzo de 2007 *(Loi 2007-308)*.
- Ley de reforma de los regímenes de incapacidad, dictada en Bélgica el 17 de marzo de 2013.
- Ley Italiana 6/2004, de 6 de enero, de reforma del Código Civil.
- Ley dictada en Suiza para la Igualdad de las Personas con Discapacidad, en vigor desde el 1 de enero de 2004
- Observación General N.º 1 (2014) del Comité sobre los Derechos de las Personas con Discapacidad, 11.º período de sesiones, 31 de marzo a 11 de abril de 2014.
- Real Decreto Legislativo 1/2013, de 29 de noviembre, por el que se aprueba el Texto Refundido de la Ley General de derechos de las personas con discapacidad y de su inclusión social.

# APÉNDICE JURISPRUDENCIAL

- Sentencia la Sala Primera del Pleno del Tribunal Supremo 282/2009, de 29 de abril.
- Sentencia de la Sala Primera del Tribunal Supremo 600/2015, de 4 de noviembre.
- Sentencia de la Sala Primera del Tribunal Supremo 465/2019, de 17 septiembre (Rec. 5199/2018).
- Sentencia del Pleno de la Sección Civil del Tribunal Supremo 589/2021, de 8 de septiembre (Rec. 4187/2019).
- Sentencia de la Sala Primera del Tribunal Supremo 706/2021, de 19 octubre (Rec. 305/2021).
- Sentencia de la Sala Primera del Tribunal Supremo 734/2021 de 2 noviembre (Rec. 1201/2021).
- Sentencia de la Audiencia Provincial de Alicante, Sección 9.ª, 506/2021 de 22 noviembre (Rec. 122/2021).
- Sentencia de la Audiencia Provincial de Asturias, Sección 5.ª, 127/2022 de 13 abril (Rec. 664/2021).
- Sentencia de la Audiencia Provincial de Barcelona, Sección 18.ª, 231/2022 de 10 mayo (Rec. 128/2022).
- Sentencia de la Audiencia Provincial de Cantabria, Sección 2.ª, 375/2021 de 23 septiembre (Rec. 166/2021).
- Sentencia de la Audiencia Provincial de Lugo, Sección 1.ª, 444/2022 de 20 junio (Rec. 431/2022).
- Sentencia de la Sección Cuarta de la Audiencia Provincial de Palma de Mallorca de fecha 5 octubre 2021.
- Sentencia de la Audiencia Provincial de Pontevedra, Sección 6.ª, 183/2022 de 28 abril (Rec. 1118/2021).
- Sentencia de la Audiencia Provincial de Valencia, Sección 10.ª, 440/2021 de 16 septiembre (Rec. 240/2020).

- Sentencia de la Audiencia Provincial de Valencia, Sección 10.ª, 510/2021 de 20 octubre (Rec. 265/2021).
- Auto del Juzgado de Primera Instancia N.° 3 de Córdoba 8/2022, de 11 enero (Proc. 1641/2021).
- Sentencia del Juzgado de Primera Instancia N.° 7 de Sevilla 561/2021, de 27 septiembre (Proc. 1312/2020).
- Sentencia del Juzgado de Primera Instancia e Instrucción N.° 2 de Tafalla 14/2022, 3 febrero (Rec. 121/2021).
- Auto del Juzgado de Primera Instancia e Instrucción N.° 2 de Tafalla 48/2022 de 4 marzo (Rec. 90/2022).

Made in United States
Troutdale, OR
11/03/2026

56844640R00056